Gunter Woelky

Affäre Mona

Ein spirituelles TV-Drehbuch

Gunter Woelky

Affäre Mona

Ein spirituelles TV-Drehbuch

25 Bilder; ca. 90 Minuten

Drehorte:

Hamburg-Pöseldorf

Alamo Road, Arizona

Yucca Valley, Kalifornien

Keitum, Sylt

Zeitfenster: ca. 1995

© 2020 Dr. Gunter Woelky

1. Auflage 2020

Umschlagbild vom Autor

Verlag und Druck: Tredition GmbH

Halenreie 40-44

22359 Hamburg

Bibliografische Information der Deutschen Nationalbibliothek: Die Deutsche Nationalbibliothek verzeichnet diese Publikation in der Deutschen Nationalbibliografie; detaillierte bibliografische Daten sind im Internet über http://dnb. dnb.de abrufbar.

978-3-347-02000-9 (Paperback)
978-3-347-02001-6 (Hardcover)
978-3-347-02002-3 (e-Book)

AFFÄRE MONA

Ein spirituelles TV-Drehbuch

25 Bilder; ca. 90 Minuten

Drehorte:

Hamburg-Pöseldorf

Alamo Road, Arizona

Yucca Valley, Kalifornien

Zeit: ca. 1995

---

1. Bild: Abend/innen: Ehepaar Wollenberg in dessen Wohnung. Küche, Essecke. Gutsituiertes Ambiente, aber nicht reich. Gäste: ein befreundetes Ehepaar, Cornelia und Frank Philips. Fröhliche Stimmung. Gespielt wird Monopoly.

FRANK PHILIPS (liest eine Spielkarte vor): Du kommst aus dem Gefängnis frei, o nein, nicht schon wieder!

CORNELIA PHILIPS: Dreimal aussetzen, mein Lieber! Da könntest du gleich mal eine Flasche Wein öffnen. Damit wir als Gäste auch mal was tun.

PHILIPS: Habe ich ja gesagt, dass das ein blödes Spiel ist. Kein Mensch spielt das noch.

WOLLENBERG: Muss ja auch niemand. Ist ja längst kein Spiel mehr, sondern Realität, die auch Arbeiter, kleine Angestellte und Sozialisten zu Immobilienbesitzern werden lässt. Wenn das Bismarck wüsste.

CORNELIA: Vorsicht. Jetzt kommt Bildung!

KRISTINA WOLLENBERG: Bismarck sitzt jetzt im Himmel und erkennt warum seine Sozialistengesetze falsch waren. So einfach ist das mit der himmlischen Gerechtigkeit.

PHILIPS: Falls er tatsächlich im Himmel sitzt und nicht in der Hölle.

CORNELIA: Bismarck in der Hölle? Das ist vollkommen ausgeschlossen!

PHILIPS: Richtig. Weil es die nicht gibt.

WOLLENBERG: Wer will das so genau wissen? Es wäre doch möglich...

KRISTINA (unterbricht): Rede nicht, Niklas. Hole du den Wein!

CORNELIA: Nein, er muss würfeln. Frank, geh' du doch mal!

KRISTINA: Also gut, ich übernehme das jetzt.

Kristina geht hinaus, um den Wein zu holen.

WOLLENBERG: Frank, gib mir doch mal eine von deinen köstlichen Zigaretten.

PHILIPS: Ich dachte, du rauchst nicht mehr.

WOLLENBERG: Tue ich ja auch nicht. Nur manchmal. Jetzt zum Beispiel.

Philips reicht Wollenberg die Schachtel und bietet eine Zigarette an. Wollenberg steckt sich eine an.

WOLLENBERG: Ohne Filter! Wunderbar. Wer war dran? Ach ja, immer der, der fragt.

Wollenberg würfelt und beginnt zu setzen. Währenddessen kommt Kristina mit zwei Flaschen Wein zurück. Ihr Gesichtsausdruck verändert sich plötzlich, die Entspannung weicht.

KRISTINA (entsetzt): Niklas, du rauchst?

WOLLENBERG: Ist doch nicht so schwer zu erkennen, oder?

KRISTINA (laut): Was ist das für eine blöde Antwort?! Wir haben die Vereinbarung getroffen, dass du nicht mehr rauchst. Hast du das vergessen?

WOLLENBERG (ruhig): Entschuldige mal, ich habe gar nichts vergessen!

KRISTINA: Es ist eine Vereinbarung, hörst du! Du hast es versprochen.

KRISTINA (knallt den Wein auf den Tisch und brüllt Wollenberg an): Ich erwarte von dir, dass du Verabredungen einhältst. Jedenfalls die, die du mit mir hast. Damit das klar ist. Ich hasse gebrochene Übereinkünfte, und du weißt das.

WOLLENBERG (betreten): Entschuldige, ich habe eine Zigarette angezündet, nicht das Haus.

KRISTINA (noch lauter): Darum geht es nicht. Du hast eine Übereinkunft zwischen uns zunichtegemacht. Kapierst du das nicht?

Cornelia und Frank Philips sehen der Auseinandersetzung schweigend zu. Philips beschäftigt sich nebenher mit den Weinflaschen, Cornelia mit dem Monopolyspiel, indem sie peinlich berührt die Spielfiguren hin und her schiebt. Wollenberg steht nach einigen Sekunden auf vom Stuhl und verlässt den Raum.

PHILIPS: Und nun?

KRISTINA (immer noch verärgert): Keine Sorge, der kommt gleich wieder. Schenke du bitte ein. Ich möchte Weißwein.

CORNELIA: Glaubst du nicht, Kristina, dass du etwas zu heftig reagierst? Ich meine, er hat eine geraucht, nicht etwa jemanden umgebracht oder so.

KRISTINA: Das spielt keine Rolle, versprochen ist versprochen.

CORNELIA: Hör mal, es ist doch nun wirklich ein Unterschied, warum man ...

PHILIPS (unterbricht): Ich weiß, was Kristina meint. Es geht ums Prinzip. Und das heißt: Verabredungen sind verpflichtend und bindend und daher einzuhalten.

KRISTINA: So ist es, und zwar bis Blut kommt, das sage ich euch!

Wollenberg kommt wieder herein, setzt sich.

WOLLENBERG: Wer war dran? Ach richtig, ich, und wie!

Er würfelt heftig. Während er die Würfel in den Händen schüttelt, zoomt die Kamera close-up auf seine Augen.

2. Bild: Tag/innen, Uni-Hörsaal.

WOLLENBERG (am Pult des Hörsaals. Volles Auditorium. Wollenberg hält einen Vortrag): Wir kommen zum Schluss, meine Damen und Herren. Nietzsche hat dem Intuitiven, Emotionalen und Rauschhaften innerhalb seiner Darstellung des Dionysischen nicht nur aus dramaturgischen oder gar methodologischen Gründen mehr Raum gegeben, sondern vielmehr, um der aufkommenden Rationalität seiner Zeit etwas entgegenzusetzen. Sie sehen also, wie aktuell Nietzsche noch heute ist. Oder wieder. Die andere, die apollinische Seite des Tragischen hat einen versöhnenden Charakter. Sie bewahrt den Menschen vor Resignation und Verzweiflung, vor dem Rückfall in eine barbarische Kultur. Wäre die ... Musik...

Wollenberg erblickt inmitten der Hörerschaft die Studentin Mona. Er kommt ins Stocken und verspricht sich.

WOLLENBERG (sieht ein bisschen verstört aus): Also wäre die Musik, die apollinische Musik ... äh ... wäre die Musik...

Wollenberg blickt zu Mona, die ihn lächelnd anschaut.

WOLLENBERG (stottert): Meine Damen und Herren, ich denke, das genügt für heute. Wir ... machen nächste Woche weiter mit Nietzsches ... Auffassung zur Musik ... und kommen dann ... zum Fall Richard Wagner ... ich danke Ihnen.

Die Studenten klopfen auf die Pulte des Hörsaals. Wollenberg sammelt sein Manuskript zusammen. Er blickt dabei auf Mona, die, während die anderen Studenten aufstehen, sitzen bleibt. Sie lächelt, er bleibt ernst und sieht Mona an.

Wollenberg verlässt etwas überhastet den Hörsaal. Draußen angekommen lehnt er sich mit dem Rücken gegen eine Wand und blickt zum Himmel.

WOLLENBERG (zu sich selbst): Was wird hier gespielt? Bin ich noch bei Sinnen? Jetzt fehlt nur noch, dass sie Mona heißt. Nein, ich werde sie nicht fragen. Ich werde stattdessen...

Mona kommt aus dem Hörsaal und geht auf Wollenberg zu.

MONA: Herr Wollenberg – Sie sind doch Dr. Wollenberg?

Wollenberg blickt sie nicht an. Stattdessen schaut er auf seine Schuhe.

WOLLENBERG (mehr zu sich selbst): Wenigstens das dürfte noch stimmen. (Zu Mona): Unter der Voraussetzung, dass ich noch derselbe bin wie der, der ich eben in der Vorlesung zu sein gedachte, und dass sich inzwischen nichts Wesentliches verändert hat, was mir möglicherweise hätte entgangen sein können, ja, unter dieser Voraussetzung darf ich mit einiger Gewissheit annehmen, Niklas Wollenberg zu sein, richtig. Und in wessen Vorlesung waren Sie gerade?

MONA (leicht irritiert): Äh ... entschuldigen Sie, ich wollte nicht stören! Ich wollte nur wissen, ob Sie vielleicht nächstes Mal die Literaturlisten verteilen könnten. Sekundärliteratur. Ich konnte Ihre erste Vorlesung nicht besuchen und bin heute auch erst kurz vor Schluss dazugekommen.

WOLLENBERG (erst leise zu sich): Die Stimme! (Dann lauter zu Mona): Sie sind Mona, oder? Ihren Nachnamen weiß ich leider nicht.

MONA: Mona genügt. Woher wissen Sie, wie ich heiße?

WOLLENBERG: Da haben Sie recht, Mona genügt. Mehr als Sie denken.

MONA (irritiert): Ich verstehe Sie nicht?

WOLLENBERG: Macht nichts. Mona, dem Verstehen des Menschen sind Grenzen gesetzt, und es gibt mehr Dinge zwischen Himmel und Erde, als eure Schulweisheit sich träumen lässt.

MONA: Der Shakespeare. Alter Hut. Aber hieß es nicht wörtlich ...?

WOLLENBERG (unterbricht): Danke Ihnen, ich werde an die Literaturliste denken. Wiedersehen.

Wollenberg wendet sich ab, um zu gehen, Mona geht, einen kleinen Abstand haltend, ihm hinterher. Wollenberg dreht sich einen Moment später um, geht langsam wieder auf sie zu, bleibt stehen, schaut sie an. WOLLENBERG: Sie tragen heute blaue Jeans, sonst tragen Sie doch immer gern schwarz/rot, oder?

MONA: Ja, aber woher wissen Sie das?

WOLLENBERG: Ach, nur so eine Idee. Ich glaube, schwarz/rot stünde Ihnen gut. Gehen Sie mit mir einen Kaffee trinken? In der Mensa? Ich lade Sie ein.

MONA (lacht): Sie können es sich ja sicher leisten, Herr Wollenberg. Aber können Sie den Kaffee auch zügig zapfen, ohne den Automaten zu verwirren?

Wollenberg und Mona verlassen das
Hörsaalgebäude und gehen Richtung Mensa.

16

3. Bild: Tag/außen, Arizona, USA. Wollenberg und Kristina sind mit einem Cabrio unterwegs. Schönes Wetter, blauer Himmel. Die Straße zieht sich schnurgerade durch die Landschaft, links und rechts sind Kakteen zu sehen. Lange, langsame Einstellung der vorbeigleitenden Landschaft. Wollenberg liest die Karte. Kristina fährt. Wollenberg sieht ein Schild mit dem Straßennahmen New Alamo Road.

WOLLENBERG (blättert plötzlich wild in der Karte, dann sagt er ganz ruhig): Wir haben uns verfahren. Wir sind falsch. Völlig falsch. Fast hundert Meilen daneben. Wie kann das angehen?

KRISTINA (presst erst die Lippen zusammen. Kleine Pause, brüllt dann los): Was ist das für eine Scheiße, zweihundert Kilometer umsonst, zweihundert Kilometer!

WOLLENBERG: Beruhige dich, Kristina, es sind nur etwa Hundertzwanzig. Außerdem haben wir Urlaub, und Zeit, und die Landschaft ist auch schön.

KRISTINA (weiter laut): Nur einhundertzwanzig, nur! Du bist ein Verlierertyp, Niklas Wollenberg. Nicht mal Karten lesen kannst du. Nicht einmal das.

Kristina macht eine Vollbremsung, dann einen U-turn auf dem Highway. Sofort hört man eine Polizeisirene. Sie werden von einem Motorrad-Cop angehalten.

POLICEOFFICER (grüßt mit dem Zeigefinger am Helm): Hi, Madame, where are you from?

Der Rest des Gespräches ist nicht zu hören. Aus der Ferne ist zu sehen, wie der Beamte die Papiere kontrolliert, etwas aufschreibt, Kristina ein Ticket überreicht, etwas sagt, sich verabschiedet (grüßt wieder mit dem Zeigefinger am Helm). Dann sieht man Kristina, die Wollenberg ansieht, wie sie eine Hand vor den Augen schnell hin- und her bewegt, um zu signalisieren, dass sie Wollenberg für einen Irren hält.

KRISTINA (fährt mit kreischenden Reifen los und redet vor sich hin): Bücher lesen, das kannst du. Aber Karten lesen? Nein. Verlierertyp. Du bist ein Verlierertyp.

Kristina schaut stur nach vorn, lacht einmal kurz und verächtlich. Wollenberg sagt nichts und schaut aus dem Fenster. Wieder eine lange, langsame Einstellung der vorbeigleitenden Landschaften.

4. Bild: Tag/innen, in Wollenbergs
Wohnzimmer. Wollenberg und Kristina sitzen sich
gegenüber, jeder auf einem Dreiersofa. Die
Stimmung ist gedrückt und angespannt.
Wollenberg nippt an seinem Weinglas. Kristina
spielt mit der Mineralwasserflasche und dreht den
Verschluss auf und zu, auf und zu.

KRISTINA (laut, anklagend): Ja, ich habe dich
Verlierer genannt, na und? Wo lebst du eigentlich?
Wo bist du, wenn du mit mir unterwegs bist? Du
träumst. Träumst du? Los, antworte!

WOLLENBERG: Es ist nichts Anderes passiert,
als dass ich mich beim Kartenlesen geirrt habe.
Mehr nicht, Kristina.

KRISTINA: Und auch nicht weniger. Und ist
dir eigentlich mal aufgefallen, dass in deiner
Lieblingsfernsehserie fast keine Frauen mitspielen?
Deine bevorzugten Leinwandhelden sind Männer
und Roboter. Meine Freundinnen kommen mich
nur noch besuchen, wenn du nicht zu Hause bist,
weil sie Angst vor dir haben. Vor deiner Eiseskälte,
deiner Unnahbarkeit. Und vor deiner ständigen
Ironie.

WOLLENBERG (äußerst ruhig): Du meinst die, die sich im Vierteljahresrhythmus immer mal wieder einen Rat über Gott und die Welt bei mir abholen? Wie fast alle anderen unserer Freunde? Ich kann ja ganz wegbleiben, dann können die dich besuchen kommen, wann immer sie wollen.

KRISTINA (laut): Niklas, ich rede nicht über die. Ich rede über uns. Neulich vor ein paar Wochen, als wir Cornelia und Frank erzählten, dass wir immer noch kein Kind kriegen und ich geheult habe wie ein … ein … du hast einfach in der Ecke gehockt und nichts dazu gesagt. Nichts! Als würde dich das alles nichts angehen. Du hast mich nicht mal in den Arm genommen. Fühlst du eigentlich auch manchmal etwas oder denkst du nur philosophisches Zeug? Du bist zu einem deiner Fernseh-Roboter geworden!

WOLLENBERG (ruhig): Roboter denken nicht, die rechnen nur. Auch die komplexeste Maschine wird niemals so etwas wie Geist haben können, in eintausend Jahren nicht.

KRISTINA (brüllt): Ich werde aber keine tausend Jahre warten, bis sich der heilige Sankt Niklas mal wieder bequemt, mit mir ins Bett zu gehen!

WOLLENBERG (betreten): Tut mir leid, ich habe gegenwärtig keine Lust auf Sex; ich weiß auch nicht warum.

KRISTINA (sehr laut): Gegenwärtig? Zwölf Monate am Stück! Seit zwei Jahren hast du mich kaum mehr angerührt. Und wenn ich den hundertsten Annäherungsversuch mache, dann sagst du, du bist müde oder hast keine Zeit oder musst noch arbeiten. Das ist demütigend! Wie lange soll ich noch warten? Wielangewielangewielange?

Kristina sinkt in der Sofaecke zusammen. Wollenberg steht nach einigem Zögern auf, setzt sich neben sie und legt seinen Arm um ihre Schulter. Kristina reagiert nicht.

WOLLENBERG (kleinlaut): Ich weiß ja auch nicht, was los ist, Kristina.

KRISTINA (wieder laut): Dann tu etwas! Du weißt doch sonst immer alles. Geh zu einem Therapeuten oder blättere in ein paar schlauen Büchern. Ich mache das nicht mehr mit, diese sexlose Zeit. Ich kann es nicht mehr!

Lange Pause. Wollenberg steht auf und will aus dem Zimmer gehen.

KRISTINA (brüllt): Typisch, der Herr Doktor entzieht sich mal wieder. Bloß keine Diskussion! Du redest doch sonst so gern!

WOLLENBERG (dreht sich um, starrt Kristina an und sagt leise): Also gut. Ich werde mit einem Therapeuten reden. Bis dahin kannst du ja mit einem anderen ins Bett gehen.

Pause. Keine Geräusche. Absolute Stille.

KRISTINA (entsetzt): Was hast du gesagt!? Ich soll, ich kann ... ich, ich ... Und du sagst, du liebst mich? Was für eine Liebe ist das?

WOLLENBERG (sachlich): Platon hat gesagt, Liebe könne sich unterschiedlich...

KRISTINA (unterbricht heftig): Ich scheiße auf deinen Platon, du kannst dir deine Bücher, die du mehr zu lieben scheinst als mich, sonst wohin stecken. Es scheint dir nichts, nichts, gar nichts auszumachen, mit wem ich schlafen würde? Was für eine Art Roboter bist du bloß? Bist du nicht vielleicht auch ein bisschen eifersüchtig? Wenigstens ein bisschen?

WOLLENBERG (eiskalt): Für diese Art von Empfindungen bin ich nicht zuständig.

Kristina springt auf, ergreift ein leeres Glas und knallt es auf den Fußboden. Dann starrt sie Wollenberg an, dreht sich um und verbirgt mit beiden Händen das Gesicht. Sie beginnt zu weinen, setzt sich wieder. Kleine Pause.

KRISTINA (leise): Was ist, wenn ich's tue?

WOLLENBERG: Dann erzählst du es mir nicht.

KRISTINA (wieder lauter): Ich soll dich anlügen, dich betrügen und alles verschweigen? Niklas, ich bin deine Frau, ich kann dich nicht anlügen, und ich will das auch nicht. Ehrlichkeit ist das Wichtigste für mich. Ich kann anders nicht leben!

WOLLENBERG: Es ist logisch unmöglich, mich zu betrügen, wenn du meine Erlaubnis dazu hast.

KRISTINA (verzweifelt): Ich verstehe dich nicht mehr. Warum tust du das, was soll dieser Mist mit der Logik und so weiter?

Wollenberg steht immer noch mitten im Zimmer und bleibt äußerlich unbewegt.

WOLLENBERG: Ich werde mal die Scherben aufsammeln.

Er bückt sich und hebt die Scherben auf.

WOLLENBERG: Die erste große Liebe meines Lebens ist daran gescheitert, dass wir der Meinung waren, es dürfe keine Geheimnisse zwischen uns geben. Dann ging sie mit meinem besten Freund ins Bett. Wir waren miteinander so ehrlich, dass sie mir vorher erzählte, sie würde mit ihm schlafen. In derselben Nacht, als sie bei ihm war, habe ich die Hölle gesichtet. Es war grausam. Die Beziehung scheiterte daran, dass keiner von uns diese Art von Ehrlichkeit aushalten konnte.

Wollenberg blickt auf die Scherben in seiner Hand.

KRISTINA: Wie dramatisch! Niklas, diese Geschichte interessiert mich nicht. Ich will nicht belogen werden, und ich will auch nicht, dass du mir etwas verschweigst. Ehrlichkeit ist mir wichtiger als alles andere.

Wollenberg steht mit den Scherben in der Hand im Türrahmen.

WOLLENBERG: Erstens ist mir noch kein Mensch über den Weg gelaufen, der nicht lügt. Und zweitens, wenn einer lügt, dann ist das sein Problem, nicht meins.

KRISTINA: Das ist doch irre! Wenn du dich darauf zurückziehst, funktioniert das ganze Leben nicht mehr. Ohne Verträge und Vereinbarungen läuft nichts richtig im Leben.

WOLLENBERG: Ganz genau das ist es, was tagtäglich stattfindet. Darum ist es fast allerorten so beschissen, wie es ist. So verlogen nämlich sind die Leute. Fast alle.

KRISTINA: Niklas, wir sind hier zu Hause, das alles hier ist unser Leben. Nicht das da draußen.

WOLLENBERG (kühl): Ich kann zwischen innen und außen nur bedingt einen Unterschied sehen. Warum, meinst du, sind wir anders als andere?

KRISTINA (brüllt): Weil wir WIR sind, deshalb sind wir anders!

WOLLENBERG (eiskalt): Total logische und zirkuläre Argumentation. Völlig klar. Verstehe.

KRISTINA (brüllt Wollenberg an): Hör zu, es geht um uns, unsere Zukunft, unsere Ehe. Mach etwas! Unternimm irgendetwas, gehe zu einem Therapeuten, Hellseher oder sonst was, ist mir scheißegal, aber mach etwas! Ich verlange von dir, die Wahrheit zu hören, egal was du tust.

(weiter) KRISTINA: Meinetwegen erzähle ich dir nicht, wenn ich mit einem anderen ... Aber ich will schon aus Prinzip wissen, woran ich mit dir bin. Ich mache dieses Leben ohne Sex nicht länger mit, damit das klar ist. Was ist nicht in Ordnung mit mir? Wenn du mich nicht mehr liebst, dann sag´s doch einfach. Sag's doch, sag's doch, sag's doch!

Kristina rennt hinaus und knallt die Tür zu. Wollenberg bleibt im Zimmer. Er schaut auf seine Faust und öffnet sie. Man sieht Blut und die Scherben in seiner Hand.

WOLLENBERG (leise zur geschlossenen Tür hin): Doch Kristina, ich liebe dich. Aber es gibt in dieser ganzen beschissenen Riesenstadt sonst niemanden, der mir so zusetzen kann wie du. Ich bin kein Verlierer, Kristina.

Kleine Pause.

WOLLENBERG: Und nicht nur du hast kein Kind. Auch ich habe keins.

5. Bild: Abend/innen, Texteinblendung: Etwa sechs Monate später. Monas Wohnung, schwarz/rot eingerichtet, gemütlich, bescheiden, aber geschmackvoll. Fachwerkbalken im Zimmer, viele Bücher, Computer etc. Im Hintergrund Musik von Frank Sinatra. Wollenberg sitzt auf Monas Sofa und blättert in einem Magazin. Mona sitzt neben ihm und schaut einige Sekunden zu. Wollenberg blättert interessiert und sucht offenbar eine Anzeige.

WOLLENBERG: Sekunde noch, ich habe es gleich. Es war eine doppelseitige Anzeige. Hier ... jetzt, ach nee ... wo ist sie denn?

Mona steht auf und geht aus der Tür.

MONA: Such mal schön! Ich komme gleich wieder.

Wollenberg blickt nicht auf, als Mona hinausgeht, und blättert weiter. Er nimmt das nächste Magazin und blättert, dreht die Musik lauter, setzt sich wieder. Eine Minute vergeht, bis Mona erneut das Zimmer betritt. Außer einem Slip trägt sie nichts. Wollenberg schaut auf.

WOLLENBERG (völlig irritiert): Mona, was soll das?

MONA: Dumme Frage, Herr Doktor. Diese Situation bezeichnet man als unzweideutig.

WOLLENBERG (er steht auf, stottert, sieht ziemlich dämlich aus): Mona, das geht nicht, ich bin verheiratet. Und ich liebe meine Frau.

Mona schlingt die Arme um seinen Hals, zieht Wollenberg dicht an sich heran und beginnt ihn leidenschaftlich zu küssen.

MONA: Schön, dass du deine Frau liebst, das kannst du ja nachher wieder tun. Oder morgen. Jetzt bin ich dran. Ich warte schon seit einem halben Jahr auf dich ... ich warte schon ein halbes Jahr auf ... ihn!

Mona beginnt an Wollenbergs Hose herumzufummeln. Dann reißt sie plötzlich an Wollenbergs Hemd, bis die Knöpfe wegfliegen, und kuschelt sich an seine nackte Brust.

WOLLENBERG: Mona, das Hemd hat zweihundert Dollar gekostet. Wie soll ich das denn Kristina erklären?

MONA (ironisch, fröhlich): Investitionen, Liebster, Investitionen! Ein neues Hemd kaufen und das alte zu meinem Nachthemd machen. Ach Niklas, mir ist kalt, wärme mich!

WOLLENBERG: Ich habe das Hemd in New York gekauft ... das Hemd ... in New York.

MONA: Und? Keine Lust auf meine Big-Macs?

Sie fallen aufs Bett und verschwinden unter der Decke. Im Hintergrund hört man Frank Sinatras „New York, New York." Ein Poster in Monas Zimmer zeigt die Türme des World Trade Center.

6. Bild: Abend/innen, Privatwohnung Wollenbergs, viele Gäste: Wollenberg hat Geburtstag. Niklas und Kristina Wollenberg in harmonischer Eintracht bei ausgelassener Stimmung. Wollenberg zunächst fröhlich. Später steht er am Fenster und schaut hinaus in den Garten und wirkt nachdenklich. Seine langjährige Freundin, die Psychologin Gesa Winkler, beobachtet ihn.

GESA: Was ist nicht in Ordnung? Seit Wochen, mindestens seit Wochen, spielst du Theater. So bist du nicht, wie du dich neuerdings verhältst.

Lange Pause, Wollenberg sieht sie an und lächelt.

WOLLENBERG (schaut auf den Boden): Du hast es erkannt. Stimmt, so bin ich nicht. Aber wer ist schon so, wie er ist? „Das Ich ist nicht Herr im eigenen Haus", sagt Opa Freud.

GESA (scharf): Jetzt keine Psychologie! Dafür bin ich zuständig. Das Versteckspiel ist zu Ende. Sieh mich an, Niklas!

WOLLENBERG (sieht Gesa an und sagt dann unvermittelt): Sie heißt Mona und niemand von unseren Freunden weiß von ihr. Außer dir jetzt. Wann können wir reden? Du bist die Einzige, mit der ich darüber reden kann.

GESA: Um Gottes willen, morgen Abend. Gleich morgen Abend reden wir. Ich mache mir Sorgen um dich und Kristina. Seit wann? Seit wann betrügst du Kristina?

WOLLENBERG (lächelt gezwungen): Seit ein paar Wochen. Wenn man den Stichtag, falls ich denselben rein metaphorisch, aber durchaus anzüglich, mal so nennen darf, auf den erotischen Sektor verlagere, ich meine wenn...

GESA: Du kannst diese Wortdrechselei wohl nie lassen! Und Kristina weiß nichts?

WOLLENBERG: Sie hat keine Ahnung, absolut nicht die geringste.

GESA: Bist du sicher?

WOLLENBERG: Absolut sicher. Ich bin ein guter Schauspieler. Wenn es sein muss.

GESA: Und? Muss es?

WOLLENBERG Was? Was muss?

GESA: Das Lügen, Verschweigen, Verbergen, das Schauspielern?

WOLLENBERG: Darüber reden wir morgen Abend. Wenn du magst.

GESA: Ich bin auch die Freundin deiner Frau, Niklas!

WOLLENBERG: Mach dir darüber keinen Kopf. Ich werde dich in keinen Loyalitätskonflikt stürzen. Mein eigener reicht mir.

GESA: Wie willst du das vermeiden? Ich weiß jetzt etwas, was Kristina nicht weiß!

WOLLENBERG: Nur für ein paar Tage, vielleicht Stunden. Kristina verreist übers Wochenende. Spätestens wenn sie zurückkommt, hat sie Klartext.

GESA (schaut befremdet): Wie du dich ausdrückst, Klartext! Wieso verreist sie? Und ohne dich? Wohin fährt sie?

WOLLENBERG: Zu ihrem Liebhaber.

Längere Pause, sie schauen sich an.

GESA: Woher weißt du das? Ist überhaupt noch irgendetwas in Ordnung bei euch?

WOLLENBERG (zögerlich): In Ordnung? Ja und wie! Ich liebe meine Frau. Woher ich von ihrem Liebhaber weiß? Ich kann es spüren, sie hat einen anderen. Mehr sage ich erst mal nicht. Und weniger auch nicht.

GESA: Seit wann spürst du das? Was heißt das, du kannst es spüren? Phantasierst du?
WOLLENBERG: Kann sein, aber anders, als du denkst. Morgen, Gesa, morgen Abend, okay?

Sie gehen zurück zu den anderen Gästen. Kristina kommt ihnen entgegen und strahlt. Sie spricht Wollenberg an.

KRISTINA: Na, hast du genug von der Feier? Wo warst du?

WOLLENBERG (zynisch grinsend): Wo ich war? Ich stand am Fenster / es strahlte ein Stern / ich fühlte mich einsam / und fühlte es gern / auf tauchte der Mond / mit runden Gesicht / und schimpfte mich aus / ich hörte ihn nicht.

KRISTINA (zu Gesa, lachend, dann zu Wollenberg ernster): Mein Mann hat immer neue Ideen. Typisch Sternzeichen Krebs. Niklas, du hast im Moment Saturn Quadrat Uranus. Unberechenbares und Heftiges kann passieren. Pass also auf! Und jetzt halt deine Rede! Keine Widerrede!

Kristina geht zurück zu den anderen.

WOLLENBERG (zu Gesa, singt ein bisschen): ‚Ich weiß nicht, was soll es bedeuten, dass ich so traurig bin …'

GESA (befremdet): Sehr witzig, Saturn Quadrat Uranus, da kann alles passieren!

WOLLENBERG: Ist ja wie im richtigen Leben. Schlau, die Astrologen.

7. Bild: Abend/innen, Restaurant Engel auf dem
Schwimm-Ponton an der Elbe. Wollenberg und
Gesa sitzen am Fenster mit Blick auf die Elbe. Ein
paar Gäste sitzen an den Nachbartischen.
WOLLENBERG (zur Bedienung): Ich nehme
Spaghetti mit Scampi und einen Liter Chianti. Weil
es sich so schön reimt.

Der Kellner verzieht keine Miene und schreibt
auf.

GESA: Für mich bitte eine Hummersuppe und
einen Merlot.

Der Kellner geht wortlos. Kleine Pause, bis er
nicht mehr in der Nähe ist.

GESA: Also, du hast eine Affäre und Kristina
hat auch eine, sehe ich das richtig?

WOLLENBERG: Erst mal ja. Aber die Sache
ist komplizierter. Ich weiß nicht, ob ich meine
Affäre noch habe. Beziehungen zwischen einem
alten Knacker wie mir und einer Studentin sind
schwierig.

GESA: Du hast eine Affäre mit einer
Studentin?! Alter Knacker, Quatsch! Klassiker:
Mann, Mitte vierzig, verliebt sich in eine junge
Frau. Alle haben euch immer bewundert. Ihr seid
das Vorzeigeehepaar!

WOLLENBERG: Einsames Leuchtfeuer im Schlagschatten einer bundesdeutschen Scheidungsstatistik von weit über dreißig Prozent – Trennungen sündiger Gemeinschaften, gern auch Lebensabschnittspartnerschaften genannt, nicht eingerechnet.

GESA: Und warum gehst du dann mit einer anderen ins Bett? Und jetzt hat deine Frau einen Liebhaber? Woher kennst du Mona überhaupt?

WOLLENBERG: Ich hatte einen Lehrauftrag an der Uni. Da lief sie mir über den Weg. Sie saß einfach mitten im Hörsaal herum und sprach mich nach der Vorlesung an.

GESA (ironisch): Dozent verliebt sich während einer Vorlesung über Nietzsches „Geburt der Tragödie" in seine Studentin. Wie originell!

WOLLENBERG (sarkastisch): Ah, du kennst dich aus mit Nietzsche! Endlich jemand, mit dem ich reden kann, worüber nur noch die reden, die Nietzsche nie gelesen haben. „Gott ist tot" kennt jeder! Klar habe ich noch etwas Originelleres. Wie wäre es damit: Ich sah Mona schon lange, bevor ich sie im Hörsaal sah. Und zwar viele Wochen zuvor.

GESA: Bitte? Ich habe keine Ahnung, was du

meinst.

WOLLENBERG: Ich hatte Vorahnungen, Gesa, Visionen. Ich habe geträumt von Mona, mit offenen Augen, ein paar Wochen schon, bevor ich sie zum ersten Mal sah. Nein, es ist keine Einbildung, ich tagträumte immer wieder von ihr. Sie war in meinen Visionen fast so real wie du und ich hier zusammensitzen. Als ich sie dann im Hörsaal sah, da war es ein Schock. Sie hatte dieselbe Stimme, die ich Wochen zuvor in meinen Träumen immer wieder hörte, sie sah exakt so aus wie in meinen Visionen, und ich wusste ihren Namen, bevor ich ihn von ihr hörte. Mona.

Der Kellner bringt die Getränke.

KELLNER: Sehr zum Wohle, die Herrschaften.

Gesa nimmt einen Schluck aus ihrem Weinglas und blickt skeptisch, sagt aber nichts.

WOLLENBERG: Ich kann es ja auch nicht erklären, und zeitweilig dachte ich, ich wäre inzwischen durchgeknallt. Weißt du, Gesa, damals dachte ich oft an einen Satz von David Ben Gurion: „Wer nicht an Wunder glaubt, der ist kein Realist."

Der Kellner bringt das Essen.

KELLNER: Guten Appetit.

WOLLENBERG (zu Gesa): Werde mir Mühe geben.

GESA (zum Ober): Danke.

GESA (zu Wollenberg): Niklas, ich hätte vielleicht eine Erklärung für deine Visionen, aber Erklärungen gehören nicht hierher. Jedenfalls frage ich mich, warum du, bloß, weil du von Mona träumtest, gleich mit ihr ins Bett musstest?

WOLLENBERG: Machst du Witze? Nur weil ich von ihr träumte? Ich habe nicht geträumt, ich habe sie gesehen, bevor ich sie überhaupt jemals hätte sehen können. Ist das etwa nichts? Und außerdem war es noch ganz anders.

Wollenberg macht eine Pause und sieht einem mit Blaulicht vorbeifahrenden Polizeiboot zu. Das Restaurant auf dem Ponton beginnt heftig zu schwanken.

WOLLENBERG (lacht und tut so, als halte er sich am Tisch fest. Er scheint amüsiert über die Bewegungen): Ich bin nicht sofort mit ihr ins Bett! Es dauerte noch lange, sehr lange. Wir lernten uns kennen am 6. Juni. Vor über einem halben Jahr. Bis zu dem, was man Ehebruch zu nennen übereingekommen ist, dauerte es mehr als sechs Monate.

Gesa beginnt ihre Suppe zu löffeln. Wollenberg stochert in seinem Essen herum.

WOLLENBERG: Am 17. November, ich werde es in meinem ganzen verquirlten Leben nicht vergessen, spuckte ich endgültig ins Weihwasser. Mona hatte es satt mit meinem Halbjahresgejammer über Ehebruch, Treue und Aufrichtigkeit. Sie hat mich schlicht verführt.

GESA (hämisch): Du Armer! Und du konntest natürlich, hilflos wie ein richtiger Mann so ist, nichts dagegen tun.

WOLLENBERG (etwas hilflos): Ich hörte mich noch stumpfnickelig wie im Groschenroman sagen: „Aber ich liebe meine Frau." Und Mona sagte, „das kannst du ja nachher wieder tun, wenn du nach Hause fährst."

GESA (grinsend, am Weinglas nippend): Schade eigentlich, dass du mir den Rest eurer ersten Liebesnacht nicht besonders genau erzählst.

WOLLENBERG: Nein, es ist nicht witzig, Gesa, überhaupt nicht. Kristina würde sagen, gar kein bisschen Mal witzig.

GESA: Und hat es denn wenigstens Spaß gemacht, ich meine, der Sex mit Mona?

WOLLENBERG (lächelt süffisant): Es war ein Rausch, Gesa. Ich war berauscht und folglich jenseits von Gut und Böse.

GESA: Ah, schon wieder Nietzsche. Unschuldig also!

WOLLENBERG: Ich fühlte mich idiotischer Weise wie ein Achtzehnjähriger, aber ausgestattet mit der Lebenserfahrung eines Mittvierzigers. Und zu dem Zeitpunkt mit dem Verstand eines Lurches. Bis zu Mona dachte ich: „Die alten Knacker, die so einen Mist machen."

Wollenberg schiebt seinen noch fast vollen Teller beiseite und blickt auf die Elbe.

WOLLENBERG: Ich habe solche Typen, die ihre Frau betrügen und sich damit auch noch brüsten, immer total verachtet. Nun war ich selbst einer von denen. Was heißt: war?

GESA: Stimmt doch gar nicht. Du hast dich nicht gebrüstet, sondern geschämt. Und geschwiegen. Verschwiegen.

8. Bild: Abend/innen: Wollenberg und Frank Philips in der Tennishalle. Ein von Wollenberg verschlagener Tennisball knallt ins Netz. Er spielt schlecht, unkonzentriert. Man sieht ihn schimpfen, dann wieder lachen.

PHILIPS (ruft über den Platz): Was ist denn los mit dir, du spielst wie ein Holzfäller. Nicht fit?

WOLLENBERG: Du hast ja keine Ahnung, wie fit ich bin! Und du hast auch keine Ahnung, wie Holzfäller Tennis spielen.

Wollenberg schlägt auf. Wieder ins Netz.

WOLLENBERG: Und außerdem ist Holzfäller ein sehr ehrenwerter Beruf, mein Lieber.

PHILIPS: Niklas, quatsch nicht rum, bring den Ball rüber. Nun mach schon!

Wollenberg tänzelt plötzlich auf der Grundlinie hin und her, als würde er einen Sketch aufführen. Frank Philips schaut irritiert zu, die Hände in den Hüften.   PHLIPS: Was soll das? Spinnst du? Spiel endlich!

WOLLENBERG (lacht lauthals): Klar spinne ich, und ich bin total fit dabei. Fit, fit, fit! Und ich spiele. Und wie! Volle Deckung, sage ich nur. Volle totale Deckung!

Wollenberg serviert und knallt den Ball hinter die Grundlinie ins Aus.

PHILIPS: So war es richtig. Und auch gut. Aber eben nicht richtig gut. Noch mal!

WOLLENBERG (lacht lauthals aus sich heraus): He, für Sprüche bin ich zuständig, ich bin hier der alte Goethe, der Dichterfürst, der das Wort und die jungen Frauen liebte.

PHILIPS (stutzt): Junge Frau? Wer ist sie, Niklas?

Beide treffen sich lachend am Netz zum Shakehands.

PHILIPS: Alles klar mit dir, geht es dir gut? Hast du eine Geliebte? Das glaube ich ja wohl nicht!

WOLLENBERG: Glaub was du will, es geht mir gut, Frank, sehr gut.

9. Bild: Nacht/innen. Wollenberg und Mona sitzen auf Monas Bett und schauen Fotos an.

MONA: Das ist meine Mutter, das ist meine Oma, das ist mein Vater und das ist seine Freundin. Das ist meine Schwester mit ihrem Macker.

WOLLENBERG: Elegante Ausdrucksweise, Macker!

MONA: Meine Eltern sind geschieden. Schon lange. Gib mir bitte noch einen Schluck Wein!

Mona hält das Glas hin, Wollenberg nimmt die Flasche vom Boden und schenkt ein.

MONA: Das ist unser Haus in Dresden. Ich habe rüber gemacht gleich nach der Wende. Kaum war euer Genscher vom Balkon der Prager Botschaft wieder runter, da war ich schon beim Kofferpacken.

WOLLENBERG (versucht sächsisch zu imitieren): Warum sächselst de eejentlich nicht? Gimmst doch aus Dräsdn.

MONA (ärgerlich): Hör sofort auf damit! Ich hasse das und fühle mich verarscht. Wir sind da empfindlich, wir (sächsisch) von driieben. Wir denken immer noch, nur Zweitklassendeutsche zu sein. Heute noch. Aus Dunkeldeutschland!

WOLLENBERG: Entschuldigung, ich habe es nicht so gemeint.

Mona legt das Fotoalbum beiseite.

MONA: Apropos zweitklassig. Was ich dich noch nie gefragt habe, wie ist eigentlich der Sex mit deiner Frau?

WOLLENBERG: Mona! So etwas fragt man nicht!

MONA: Ich schon. Also: habt ihr guten Sex?

WOLLENBERG (zögerlich): Was ist das bloß für eine Ausdrucksweise ... guten Sex ... nein, wir haben keinen guten Sex.

MONA: Oh, tut mir leid, euer schlechter Sex.

WOLLENBERG: Erstens lügst du, das kann dir unmöglich leidtun, und zweitens habe ich nicht gesagt, wir hätten schlechten Sex.

MONA (zärtlich): Doch, das hast du. Du hast gesagt, ihr habt keinen guten Sex. Und ich lüge auch nicht. Ich will, dass es dir gut geht, Schatz. Na, ist ja auch eigentlich egal, ob guter oder schlechter Sex ... oder auch nicht egal ... du Schurke!

Längere Pause. Mona schaut ihn über den Rand des Weinglases an.

MONA: Also mittelmäßig?

WOLLENBERG Mittelmäßig was?

MONA: Der Philosoph, der stellt sich doof. Sex, mittelmäßigen Sex.

WOLLENBERG: Nein, auch falsch. Apropos Sex.

Wollenberg fängt an, Monas Bluse zu öffnen. Es beginnt eine Rangelei auf dem Bett. Dann sieht man die Kleidungsstücke zu Boden fallen. Etwas später klingelt das Telefon, und der Anrufbeantworter springt an.

Stimme auf dem AB: „Hallo Mona, hier ist Stephan. Nicht da? Macht nichts. Ich will nur loswerden, ich vermisse dich. Ich ruf dich morgen an. Wegen Nepal. Und tschüss!"

Wollenberg arbeitet sich stöhnend aus dem Bett.

WOLLENBERG: Wie spät ist es? Ich muss gehen.

MONA: Links am Bett ... ne, rechts ist der Radiowecker.

WOLLENBERG (betrachtet die Uhr und sagt dann pathetisch): Was für eine abscheuliche Nachgeburt japanischen Urologenhandwerks. Es soll laut diesem Gerät jetzt zwei Doppelpunkt dreizehn sein. Was sagt uns das? Nichts. Wir müssen das erst übersetzen zu dreizehn Minuten nach zwei. Als ob sich Zeit digitalisieren und in Nullen und Einsen zerlegen ließe. Zeit, dieses endlose, unzerlegbar fließende Etwas. Wohin sind wir bloß gekommen mit unserer Kultur? Wir sind zu Einsen und Nullen geworden.

MONA (ironisch): Du zählst sicher zu den Einsen. Ist es nicht ein bisschen spät für solche Spitzfindigkeiten? Oder zu früh? Du musst nach Hause, Schatz?

WOLLENBERG: Ja, muss ich! Muss ich? Was wäre, wenn ich einfach bliebe, morgen früh meine Frau anriefe und zu ihr sagen würde: Kristina, ich komme nicht wieder?

MONA: Das meinst du nicht im Ernst!

Wollenberg schenkt sich ein halbes Glas Wein ein. Dann steigt er nackt aus dem Bett und nimmt im Stehen einen Schluck.

WOLLENBERG (etwas traurig aussehend): Stimmt, meine ich nicht. Ich denke das nur. Ich denke so viel in letzter Zeit, nur nicht das, was ich denken sollte. Es ist alles ziemlich verwirrend.

Pause. Mona steht aus dem Bett auf und lehnt sich über seine Schulter.

MONA (grinst): Du bist der erste Mann, der traurig aus meinem Bett steigt.

WOLLENBERG: Lass den Quatsch! Ich fühle mich gut mit dir, das ist ja das Problem. Mona ... ich glaube, ich liebe dich.

Mona schweigt einen Moment und schlingt dann ihre Arme um Wollenbergs Hals und lächelt.

MONA: Na und? Dann liebst du eben zwei Frauen. Das soll es geben.

WOLLENBERG: Nein Mona, das gibt es nicht, nach allem, was ich weiß über Liebe. Liebe, partnerschaftliche Liebe ist entweder/oder. Alles andere ist Achtundsechziger-Soziologie. Oder gelogen. Oder Politik, was dasselbe ist wie gelogen.

MONA: Wir bei uns in der DDR haben das immer anders gesehen. Wir gehen damit nicht so verkrampft um. Mit Liebe und so meine ich.

WOLLENBERG (kleidet sich beim Reden an):
Erstens bin ich im westlichen Teil
Nachkriegsdeutschlands aufgewachsen und nicht in
deinem Land. Zweitens bin ich der Überzeugung,
Ehebruch ist einfach scheiße – falls ich mich zu
dieser vorgerückten Uhrzeit so akademisch
ausdrücken darf. Und drittens könnte ich dein
Vater sein.

Mona hält sich die Hand vor den Mund und
gähnt herzhaft.

WOLLENBERG: Viertens genieße und
missbrauche ich das abgrundtiefe Vertrauen meiner
Frau. Fünftens hielt ich Treue und Aufrichtigkeit
immer für meine höchsten und wertvollsten
Eigenschaften, die ich bis zu dir nie verletzt habe,
und sechstens würde ich gern wissen, wer der
Knabe auf dem Anrufbeantworter ist und was das
mit Nepal zu bedeuten hat?

Wollenberg macht eine Pause, um sich die
Schuhe zuzubinden.

WOLLENBERG: Darüber reden wir morgen.
Jetzt fahre ich los. Ich brauche fast eine Stunde
nach Hause. Und nachher um zehn Uhr muss ich
ein neues PR-Konzept für unseren Kunden
Ixenkirchen präsentieren...

(weiter) WOLLENBERG: Schließlich bin ich an deiner Uni nur zum Spaß. Der wesentliche Teil in mir ist eine Gelddruckmaschine in Sachen Öffentlichkeitsarbeit. Aber das bleibt unser Geheimnis. Ein weiteres Geheimnis von vielen, und weiß Gott das unwichtigste. Sleep well, Baby!

Wollenberg küsst Mona auf die Stirn. Er nimmt seinen Businesskoffer und verlässt ihr Zimmer.

MONA (ruft ihm durch die geschlossene Tür hinterher): Sag bloß nicht Baby zu mir, sonst nenne ich dich Daddy!

10. Bild: Wechsel innen/außen, Tag/Nacht: Das Schlafzimmer des Ehepaares Wollenberg. Wenig Licht, aber so viel, dass noch Details zu erkennen sind. Der Analogwecker zeigt 3 Uhr 30. Kristina Wollenberg schläft. Niklas Wollenberg schleicht leise, ohne das Licht anzuschalten, um das Ehebett herum, um auf seine Seite zu kommen. Er zieht sich im Dunkeln um. Aus dem Off hört man zunächst leise, dann immer lauter werdende Herztöne. Wollenberg schlüpft unter seine Decke. Die Herztöne werden lauter und schneller, bis das ganze Zimmer davon erfüllt ist. Wollenberg starrt mit offenen Augen ins Halbdunkel zur Zimmerdecke. Er streckt die Hand nach Kristina aus und will ihr übers Haar streichen – lässt es dann aber. Die Töne aus dem Off werden leiser. Wollenberg versinkt in einem unruhigen Dämmerzustand, mehr wachend als schlafend. Bilder tauchen vor seinem inneren Auge auf (Überblendung), die sich mit den Wänden und Möbeln des Schlafzimmers vermischen. Mona, Kristina, die Abflughalle eines Flughafens, wo er in einer Telefonzelle steht und ruft: »Kristina, Kristina, was tun wir nur?« Ein Echo wiederholt diese Frage mehrfach, bis es verschwindet. Er hört Kristina auf der anderen Seite des Telefons rufen: »Soll ich kommen, soll ich kommen, soll ich kommen?« Dann ein Bild aus der Kalifornischen

Wüste. Mit Kakteen, Palmen, Bergen. Wollenberg
lehnt im Schneidersitz an einem Baum und hat die
Augen geschlossen. Ein Kojote läuft durch das
Bild. Der Wind rauscht und schwillt zu einem
Sturm an. Das Bild verschwindet im Sandsturm.
Ein in orange gekleideter Mönch läuft durch die
Szenerie. Ein neues Bild zeigt einen kleinen Jungen
mit dem Rücken an eine Mauer gelehnt auf einer
Bank sitzen. Dann wird alles dunkel. Die Herztöne
werden leiser. Stille.

11. Bild: Abend/innen: Wollenberg und Gesa sind noch im Restaurant Engel auf dem Ponton.

GESA (leicht echauffiert): Du bist aus Monas Bett gestiegen und hast dich eine Stunde später ins Ehebett gelegt, und deine Frau hat nicht bemerkt, wenn du erst morgens nach Hause gekommen bist? Haben die in deiner Firma nichts bemerkt? Monas viele Anrufe dort? Und deine Freunde – unsere Freunde. Wieso weiß keiner von deiner Affäre?

WOLLENBERG: Zu viel Fragen. Ich habe es ja immer gewusst, die Psychologie ist viel zu schwer für euch Psychologen.

GESA: Hör auf, mich vollzutexten! Du bist hier nicht in deinem PR-Unternehmen.

WOLLENBERG: So spricht man nicht als Guardian Angel! Du bist doch mein Guardian Angel, oder?

GESA: Ja, natürlich bin ich das. Und ich glaube, du brauchst einen Schutzengel. Einen von dieser Welt. Wie konntest du Mona bloß so lange geheim halten?

WOLLENBERG: Konnte? Sie ist noch immer im dunklen Tunnel. Niemand weiß von ihr. Wie ich das konnte? Angst, Gesa, panische Angst!

GESA: Nur intelligente Menschen können gut lügen. Trotzdem: Wenn deine Frau wirklich ein Gespür für dich hätte – für dich meine ich –, dann wärest du mit deinem Lügengebilde schnell aufgeflogen. Ich verstehe nicht, wieso sie nichts gemerkt hat.

WOLLENBERG: Ich dachte, alle würden mir ansehen, wie ich pfeilschnell in Richtung Abgrund fliege. Mittwoch war der einfachste Tag. Logistisch gesehen.

GESA: Was heißt das nun wieder, logistisch gesehen?

WOLLENBERG: Erkläre ich ja gerade. Ich suchte im Vorlesungsverzeichnis eine universitäre Abendveranstaltung heraus, um sicherzugehen, im Falle einer Kontrolle Kristinas nachweisen zu können, dass es dieses Seminar auch wirklich gibt. Das waren die Abende, die ich mit Mona gefahrlos genießen konnte. Sie waren recht einseitig. Wir gingen meistens ins Kino; in die 18-Uhr-Vorstellung, und dann ins Bett. Gegen Mitternacht war ich dann brav zu Hause und Kristina längst schlafen gegangen.

Wollenberg macht eine lange Pause und sieht auf die Elbe. Draußen fahren ein paar große Schiffe vorbei. Die Lichter der Schiffe glitzern im Nachtdunkel. Hörnersignale sind zu hören. Der Ponton schwankt wieder.

WOLLENBERG: Bis zu Mona habe ich Kristina nie belogen, geschweige denn betrogen. Ich bin auch PR-Mann und weiß, wie man etwas verkauft, was mit Wahrheit nichts zu tun hat. Ich kann jedem das vorgaukeln, was er sehen und hören will. Kristina konnte nichts merken, Gesa.

GESA: Habt ihr eigentlich oft Streit?

WOLLENBERG: Geht so. Wir haben eine Regelung, die heißt: Wenn etwas schiefgeht, habe automatisch ich die Schuld. Das hat uns fast jeden Sturm aus den Segeln geblasen. Der Schuldige ist ausgemacht.

GESA: So einen Mist habe ich lange nicht gehört. Ist das dein Ernst?

WOLLENBERG: Die Idee hatte ich. Ich kam drauf, weil man mit Kristina nicht streiten kann. Das heißt, man kann, aber es kommt so lange zu keinem Ende, bis sie recht hat. Weißt du, Gesa, ihre Art zu streiten ... ist sehr drastisch. „Bis Blut kommt", sagt sie gern.

Gesa winkt dem Kellner

GESA: Bezahlen, bitte.

WOLLENBERG: Oh, die Firma dankt! Ich werde mich derangieren, ich meine, revanchieren.

12. Bild: Nacht, außen/innen. Im Hintergrund das Restaurant Engel, jetzt von außen. Zu sehen sind Schiffsanleger und ein Parkplatz. Wollenberg und Gesa warten auf ein Taxi. Wollenberg geht leicht gebeugt, als trüge er eine Last auf den Schultern. Gesa schaut ihn an. Das Taxi kommt, sie steigen ein.

TAXIFAHRER: Wohin geht's?

GESA: Mittelweg. Mich bitte oben an der Ecke Bernadottestraße absetzen.

WOLLENBERG: Und fahren Sie langsam in den Kurven. Mir ist jetzt schon schlecht.

TAXIFAHRER: Zu viel Schampus, was?

WOLLENBERG: Nee, zu viel Magensäure.

Das Taxi fährt los.

WOLLENBERG: Der Streit im Cabrio in den USA und dann die Fortsetzung bei uns zu Hause war ungefähr ein Jahr, bevor ich Mona kennen lernte. So lange gärt es schon.

GESA: Was willst du jetzt machen? Was ist mit dem Liebhaber von Kristina? Woher weißt du eigentlich von ihm?

WOLLENBERG: Es ist eine ähnliche Geschichte wie die mit Mona: Ich habe ihn im Halbschlaf gesehen. Da war ich ziemlich wach. In einer Vollmondnacht – wie kitschig – spaziert der Mann durch mein halbverschlafenes Hirn. Ich sehe einen Arzt, vermutlich einen Amerikaner, etwa so alt wie ich, verheiratet, ein Kind. Das war´s.

Der Taxifahrer dreht an seinem Rückspiegel, damit er die beiden beobachten kann.

GESA: Es ist ein bisschen riskant, auf Basis eines Wachtraumes jemandem eine Affäre zu unterstellen, oder?

WOLLENBERG: Es geht ja noch weiter. Ich hatte diese nächtliche Vision längst vergessen. Aber ein paar Wochen später fährt Kristina auf einen Kongress, wie so oft neuerdings.

13. Bild: Tag/innen. Wollenbergs Wohnung, früh am Morgen. Im Flur steht Kristinas fertig gepackte Reisetasche.

KRISTINA (ruft unsichtbar aus einem anderen Raum): Ich gehe noch die Post holen. Rufe mir bitte ein Taxi.

Die Haustür fällt ins Schloss. Wollenberg läuft verschlafen in Richtung Telefon und stößt mit dem Fuß gegen Kristinas Reisetasche. Es klimpert.

WOLLENBERG (zu sich selbst): O Mann, wie ungeschickt, hoffentlich ist nichts kaputtgegangen.

Er öffnet die Tasche. Man sieht ein paar Kerzen und eine Flasche Champagner und zwei Gläser.

WOLLENBERG (schüttelt verschlafen den Kopf): Seltsamer Kongress, auf den Kristina da fährt. Ach ja, das Taxi.

Wollenberg geht zum Telefon und bestellt ein Taxi.

WOLLENBERG: Ja, bitte Milchstraße 14. Wollenberg. Danke herzerfrischend.

Wollenberg läuft auf dem Flur nervös hin und her. Man hört den Wohnungsschlüssel, die Haustür öffnet sich, Kristina kommt herein.

KRISTINA: Keine Post. Alles klar. Taxi gerufen? Schön. Ich fahre dann.

WOLLENBERG (spricht leise und zögernd): Kristina, ich habe deine Reisetasche angestoßen...

KRISTINA (unterbricht): Ach ja, die Reisetasche, beinahe hätte ich sie vergessen...

WOLLENBERG (unterbricht): Ich wollte die Tasche...

KRISTINA (unterbricht): Brauchst du doch nicht, Niklas, du bist ja noch nicht angezogen. Ich mache das schon selbst. Und so schwer ist die nicht, ist ja nicht viel drin für die drei Tage. Also bis Sonntagabend. Ich rufe nicht an, weißt du ja. Nur, wenn etwas ist.

Es klingelt an der Wohnungstür.

WOLLENBERG: Das ging ja schnell. Dein Taxi sicher. Tschüss, Kristina.

KRISTINA: Mach´s gut. Bis Sonntag. Auch tschüss.

Kristina gibt Wollenberg einen flüchtigen Kuss, ergreift ihre Reisetasche und verlässt die Wohnung.

14. Bild: Nacht/außen/innen.

Texteinblendung: Drei Tage später. Sonntagabend.

Wollenberg hantiert in der Küche herum und bereitet das Abendessen. Er deckt für zwei Personen auf. Plötzlich gibt es einen Knall und Wasser schießt aus der Wand. Schnell steht der Küchenfußboden unter Wasser. Wollenberg dreht hektisch an den Wasserhähnen herum und kriecht unter den Spülenschrank. Er findet den Nothahn und bringt den Wassereinbruch zum Stillstand. Wollenberg holt hektisch das Branchenbuch aus der Kammer und ruft den Klempnernotdienst an.

WOLLENBERG (noch aus der Puste, völlig durchnässt): Ja, Rohrbruch. Milchstraße 14. Wollenberg. Wäre nett, wenn Sie sofort kämen. Ich ertrinke sonst. Was? Ja, finde ich auch richtig lustig. Danke.

Wollenberg setzt sich auf einen Küchenstuhl und legt die Beine auf einen Schemel. Die Küchenuhr zeigt 21 Uhr 15, als der Klempner kommt.

KLEMPNER: Abend, Herr Doktor. Na, wo drückt der Schuh?

WOLLENBERG: Drückt nichts, sondern schwimmt. In der Küche. Rohrbruch vermutlich. Scheiße.

KLEMPNER: Ach, die Abwasserleitung auch? Fäkalien in der Küche? Ausgeschlossen.

WOLLENBERG: Nein, nein, ich meine mit Scheiße so etwas wie Pech gehabt. Das Klo ist okay.

KLEMPNER (geht in die Küche): Na, dann will ich ma. Könn Se ma die Spüle leermachen? Und den Küchentisch wech und die Stühle und all das Zeugs?

Wollenberg und der Klempner beginnen die schweißtreibende Arbeit. In der Küche entsteht ein völliges Chaos. Die Uhr zeigt 22 Uhr 30, als Kristina plötzlich in der Tür steht.

KRISTINA: Was ist denn hier los?

KLEMPNER: Abend!

WOLLENBERG: Biblische Verhältnisse, genannt Sintflut. Im Kleinformat nennt sich das Wasserrohrbruch.

Wollenberg schaut hoch, stutzt, sieht seine Frau etwas länger als üblich an. Sie begegnet seinem Blick nur kurz und weicht dann aus. Wollenberg holt Luft, um etwas zu sagen.

KRISTINA: Na, so etwas. Du machst das schon. Ich bin sehr müde. Bis morgen.

Kristina verlässt die Küche und schließt die Tür hinter sich. Wollenberg öffnet ein paar Augenblicke später die Tür ein bisschen und sieht, wie das Licht hinter der Schlafzimmertür erlischt. Der Klempner sieht das auch.

KLEMPNER (erstaunt, zu Wollenberg): Starke Frau, Ihre Frau, Doktä!

WOLLENBERG (schüttelt etwas geistesabwesend den Kopf): Da könnten Sie Recht haben, da könnten Sie wirklich Recht haben.

15. Bild: Nacht, im Taxi. Wollenberg und Gesa im Gespräch.

WOLLENBERG: So ein Gesicht hatte ich lange nicht gesehen, und erst dachte ich, es läge am Rohrbruch, weshalb sie so anders aussah – ich will mal sagen – irritiert. Aber dann plötzlich, inmitten dieses Drecks, fällt mir plötzlich der Wachtraum wieder ein. Und dann die Gläser und die Kerzen und der Champagner in Kristinas Reisetasche. Sie redet ein bisschen, ich schweige ein bisschen, und dann, Gesa, du glaubst es nicht, dann lässt sie mich mit der ganzen Scheiße in der Küche allein und sagt, sie sei müde, und geht schlafen.

Wollenberg macht eine Pause, atmet schwer.

WOLLENBERG: Keine fünf Minuten später ist im Schlafzimmer das Licht aus. Und schlagartig wird mir klar, was das für ein Gesicht war, das ich kurz zuvor gesehen hatte: So nämlich sieht Kristina aus, wenn sie Sex hatte. Und Kristina war müde, sehr müde an jenem Sonntagabend, weil sie jede Menge Sex hatte.

Wollenberg schaut aus dem Fenster. Der Taxifahrer stellt den Rückspiegel noch genauer ein und schüttelt verständnislos den Kopf.

GESA: Das mag ja alles sein, aber woher weißt du das mit dem Arzt und dem Amerikaner und so ...

WOLLENBERG: Eigentlich noch gar nicht, Gesa. Nicht wirklich. Aber ich sage dir, es stimmt.

TAXIFAHRER: Bernadottestraße. Welche Nummer?

GESA: Reicht so. Ich steige hier aus. Bis morgen, Niklas. Wir telefonieren.

Gesa steigt aus und schließt die Autotür. Das Taxi fährt weiter. Der Taxifahrer schaut in den Rückspiegel auf Wollenbergs Gesicht. Der hat die Augen geschlossen.

16. Bild: Nacht/innen, Monas Studentenzimmer. Völlige Unordnung. Kleidung liegt im Zimmer verteilt herum, eine der Taschen ist halb gepackt. Mona ist in Hektik und sucht etwas. Wollenberg – noch im Mantel – sitzt in der Ecke und schaut zu. Es ist vierter Advent (Adventskranz).

MONA: Du bist etwas zu früh, Schatz. Ich bin nicht fertig. Wo ist nur das Ticket? Und das Geschenk für Omi? Unter dem Stuhl? Steh’ mal auf ... ach nee, hier hinterm Bett. Sie kriegt ein Fotobuch. Weil sie kaum noch lesen kann mit ihren Augen. Die sind neunzig. Die Augen. Wie sie. Schön, dass du da bist. Musst mich aber nicht bringen zum Bahnhof. ’n paar Freunde machen das. Udo und Anja und Britta und Marius.

WOLLENBERG: Und warum bin ich dann hier?

MONA: Für unsere kleine Weihnachtsfeier natürlich. Der Zug nach Dresden geht erst morgen früh. Bis dahin haben wir noch viel Zeit.

WOLLENBERG: Und dann machst du solche Hektik?

MONA: Klar, die holen schon meine Sachen, weil morgen früh zu wenig Zeit ist. Und wir haben dann die ganze Nacht für uns. Ah, da ist ja das Buch. Und da ist auch das Ticket drin, jetzt weiß ich es. Schau es mal an. Es ist ein Fotoband über Nepal.

WOLLENBERG: War deine Oma da schon mal, in Nepal?

MONA: Quatsch, wie sollte sie? DDR! Da kam fast keiner rein und fast keiner raus. Weißt du doch!

WOLLENBERG: Warum dann dieses Buch? Warum keins über den Thüringer Wald oder den Kaukasus oder Sibirien?

Mona stutzt, setzt sich hin und schaut auf das Chaos in ihrem Zimmer, blickt Wollenberg an.

MONA: Schatz, ich fahre nach Nepal!

WOLLENBERG (verblüfft): Wie das? Wann? Warum? Mit wem? Wie lange?

MONA: Praktikum von der Uni. Mit ein paar anderen Studenten von hier. Ende Januar. Ist noch nicht klar. Ich muss noch einen Antrag stellen. Hilfst du mir dabei?

WOLLENBERG: Ach ja, der Anruf neulich. Stephan auf dem Anrufbeantworter. Wer ist Stephan?

MONA: Ach, der! Der spinnt. Der will mit. Geht gar nicht, ist kein Unistudent. Vergiss es!

WOLLENBERG (verärgert): Vergiss es! Klar, das kriege ich mühelos hin. Ist ja auch nur einer, der dir mitten in der Nacht völlig cool aufs Band trommelt, er vermisse dich.

MONA: Lass ihn doch, der meint es nur so zum Spaß. Ich kann ihn nicht ausstehen. Er hat versucht mich zu küssen, nur so zum Spaß. Aber ich habe Nein gesagt.

WOLLENBERG (echauffiert): Du hast Nein gesagt?! Du hättest ihm eine knallen müssen, nur so zum Spaß.

Wollenberg steht auf und nimmt das Buch, blättert darin herum.

WOLLENBERG: Schöne Bilder. Deine Oma wird sich freuen. Wann ... Ende Januar? Bis wann?

MONA: Nur drei Monate. Höchstens.

Wollenberg schaut sie an und klappt mit einem lauten Knall das Buch zu.

WOLLENBERG: Nur drei Monate. Höchstens. Ist ja fast nichts im Zeitalter der Digitaluhren. Klick, klick, klick. Und schon ist ein Jahr um. Mona, bist du nicht ganz bei Trost? Mir so etwas eben mal ganz nebenbei vorm Jahresendzeitfest und Geschenkeausteilen in Weihnachtsbuntpapier verpackt um die Ohren zu wickeln?

MONA: Schatz, ich komme ja wieder! Schon Ende März, oder so.

Mona steht auf, schlingt die Arme um seinen Hals und küsst ihn leidenschaftlich.

WOLLENBERG: Hast du vielleicht noch so was drauf? Jetzt zwei Wochen Dresden, dann drei Monate Nepal. Sehen wir uns auch mal wieder, zwischendurch?

MONA (zögerlich): Ja, nach Nepal bin ich auf jeden Fall erst mal hier. Bis Juli bestimmt.

WOLLENBERG: Was bedeutet?

MONA: Na ja, das weiß ich aber wirklich erst seit gestern. Nein vorgestern, nein, was ist heute, Donnerstag? Also seit Montag. Mittwoch hatte ich vergessen, es dir zu erzählen.

Mona löst ihre Umarmung, hüpft mit offensichtlicher Freude im Zimmer herum, setzt sich wieder.

MONA: Schatz, ich kann vielleicht nach Neuseeland. Studentenaustausch. Ist aber auch noch nicht klar. Zweihundert Bewerber werden erwartet. Drei können mit. Aber es gibt eine DDR-Ehemaligen-Quote. Da falle ich drunter.

Wollenberg zieht seinen Mantel aus, sucht einen Flaschenöffner, findet ihn, ergreift eine Flasche Wein und schaut auf das Etikett.

WOLLENBERG (sehr ernst): Scheiße. Völlig beschissener Jahrgang, das nächste Jahr. Das sehe ich kommen.

MONA: Wie kannst du das denn bitte vorhersagen? Weiß man doch gar nicht.

WOLLENBERG (verärgert): Sag mal, Mona, was machen wir hier eigentlich? Du eierst von Dresden nach Nepal und dann nach Neuseeland, und das bedeutet, unsere ohnehin knappe gemeinsame Zeit ist soeben von potentiellen sechs oder sieben Monaten bis zum Juli auf gerade mal vier zusammengeschmolzen ... ach, was rede ich ... zweieinhalb oder was ... ist ja auch wurscht ... was willst du eigentlich von mir? Einen Briefwechsel?

(weiter) WOLLENBERG: Neuseeland ist richtig klasse, da gibt es E-Mail. In Nepal nicht. Oder kaum. Mona, was soll das alles, das mit uns? Ficken wir hier nur, oder was ist das Ganze?

MONA: Ich mag es nicht, wenn du das f-Wort sagst. Und außerdem bist du verheiratet, nicht ich. Du kannst ja mitkommen nach Neuseeland. Oder hinterher. Und außerdem ist noch gar nicht klar, ob es überhaupt klappt. Morgen fahre ich erst mal nach Dresden. Und in zwei Wochen komme ich wieder. Gib mir auch einen Schluck!

Mona steht selbst auf, holt sich ein Glas, greift ein kleines Paket, geht zurück zu Wollenberg und reicht es ihm.

MONA: Fröhliche Weihnachten, ich liebe dich.

17. Bild: Nacht/innen: Wollenberg noch im Taxi. Er öffnet die Augen und schaut hinaus.

TAXIFAHRER: Milchstraße. Welche Nummer?

WOLLENBERG: Es reicht, wenn Sie mich an der Musikhochschule rauslassen. Den Rest gehe ich zu Fuß. Danke für Ihr ruhiges Fahren. Ich muss eingenickt sein. Wie viel?

TAXIFAHRER: Dreißig achtzig bitte.

Wollenberg zahlt und sagt, bevor er aussteigt:

WOLLENBERG: Stimmt so. Heute keine Quittung. War ja eigentlich nur Vergnügen.

TAXIFAHRER: Na dann gute Nacht, Marie!

Wollenberg steigt aus, der Taxifahrer schaut ihm nach und schüttelt wieder mit dem Kopf.

TAXIFAHRER (zu sich selbst): So ein Spinner. Aber immerhin neun zwanzig Trinkgeld.

18. Bild: Tag/innen: Wollenberg sitzt in seinem Firmenbüro am Schreibtisch. Gut eingerichtet, aber nicht luxuriös. Ihm gegenüber sitzt seine Sekretärin Nina Cranz. Sie unterhalten sich, Nina rührt pausenlos und nervös im Kaffeebecher. Er redet mit ihr, etwas abwesend, schaut hin und wider auf seinen PC. Wollenberg sieht müde und abgespannt aus und wirkt abwesend.

NINA: Sie hat schon dreimal heute früh angerufen, Sie möchten bitte zurückrufen, sobald es geht.

WOLLENBERG: Wer sagten Sie hat angerufen?

NINA (ungeduldig): Frau Winkler! Ich glaube, sie heißt Gesa. Gesa Winkler. Wirkte etwas ungeduldig. Um nicht zu sagen, unfreundlich.

WOLLENBERG: Ja, ich weiß. Das denkt man oft über sie. Dabei ist sie ziemlich nett. Gesa Winkler ist meine beste Freundin. Nein, nicht was Sie denken, Nina.

NINA: Ich denke gar nichts, Herr Wollenberg. Jedenfalls nichts Komisches. Aber wer noch angerufen hat, das ist die, die immer so klingt, als würde sie vom Mond aus anrufen. Die ist immer hektisch. Und sagt nie ihren Namen. Ach ja, und Ihre Frau.

WOLLENBERG (erschreckt): Was ist mit meiner Frau? Auch angerufen? Unmöglich. Ist verreist seit gestern.

NINA: Deswegen kann sie doch anrufen, oder? Sie hat nicht heute angerufen, sondern gestern Abend noch.

WOLLENBERG: Komisch. Sie weiß doch, ich war mit Gesa Winkler zum Essen an der Elbe. Na ja, vielleicht hat sie es vergessen. Okay. Nina, ich brauche einen DIN-A4-Umschlag, haben wir so was? Klar, dumme Frage. Heute Nachmittag möchte ich nicht gestört werden. Bitte sagen Sie alle meine Termine ab.

NINA: Geht nicht. Heute Nachmittag kommt Frau Bruhn von DA-Leasing. Um drei.

WOLLENBERG (genervt): Ach die, die lügt doch wieder nur einhundertzwanzig Minuten lang in der Gegend herum und macht uns klar, sie weiß und kann alles besser, und uns braucht sie eigentlich sowieso nicht. Diese egozentrische Salatschnecke soll nächste Woche kommen! Sagen Sie, ich sei krank. Oder ich musste weg zu ... ach, Ihnen fällt schon etwas ein ... oder ich hätte plötzlich Ausschlag bekommen. Oder noch besser, ich sei tot.

NINA (entrüstet): Herr Dr. Wollenberg, das ist nicht lustig!

WOLLENBERG (freundlich im Ton): Ist doch wahr, die Bruhn hat noch nie in ihrem Leben einen einzigen ehrlichen Satz gesagt. Ja, ich weiß, der Termin ist wichtig. Nina, ich kann das heute nicht. Nicht heute! Jetzt rühren Sie Ihren Kaffee zu Ende und dann raus mit Ihnen. Und in der nächsten Stunde bitte kein Telefon.

NINA: Denken Sie an Frau Winkler? Und an die Mondfrau?

WOLLENBERG: Die will ich ja gerade anrufen.

NINA: Die Mondfrau?

WOLLENBERG: Nee, Frau Winkler. Wieso eigentlich Mondfrau?

NINA: Nicht Frau Winkler. Die andere, die immer so leise klingt. Wie vom Mond. Darf ich noch was sagen?

WOLLENBERG: Nein, dürfen Sie nicht!

NINA: Sie sehen schrecklich aus, Herr Doktor.

WOLLENBERG (lächelt): Ach, und ich dachte, es wäre noch schlimmer. Oscars für Ästhetik werden hier nur für unsere Arbeit vergeben, nicht für Gesichter. Sonst hätten Sie persönlich längst die Vitrine voll. Und außerdem geht es Sie gar nichts an, wie müde ich aussehe. Jetzt raus, Sie Schöne!

Nina verlässt das Büro und schließt die Tür. Wollenberg greift zum Telefonhörer.

WOLLENBERG: Gesa, hier Niklas ... ja, ich bin gut nach Hause gekommen ... was? ... ja, auch das ... ach, Unsinn. Nein, ich habe mich zu bedanken. Gesa, sitzt du? Auch gut. Ich habe eine brisante Frage. Du kannst auch Nein sagen. Also gut: Kann ich ab morgen für ein paar Tage bei dir wohnen?

Wollenberg sagt einen Moment nichts, hört zu.

WOLLENBERG: Nein, ich habe Kristina noch nichts erzählt. Ging gar nicht. Sie ist weg. Zu ihrem Liebhaber. Was? Ja, schwarzer Humor. Ich habe eine Scheißangst. Bitte? Mona? Meine Sekretärin hat Mona Mondfrau getauft, weil sie immer so weit weg klingt am Telefon. Gesa, Monas Mond geht seit drei Monaten über Neuseeland auf. Ja, Mona ist weg. Im Juni schon. Für über ein Jahr. Es ist aus mit uns, vom Telefon abgesehen. Und hin und wieder eine E-Mail.

WOLLENBERG (kommen die Tränen): Ja, ich bin noch dran. Nein, ich heule nicht wegen Mona, sondern wegen Kristina. Gut, ich komme morgen Abend mit kleinem Gepäck, wenn das okay ist. Danke dir. Bis morgen dann.

Wollenberg hat aufgelegt. Türklopfen.

WOLLENBERG (laut): Nein, jetzt nicht. In dreißig Minuten wieder.

Er zieht ein Taschentuch aus der Hosentasche, schnäuzt sich und wischt sich die Tränen ab. Es klopft erneut. Gleichzeitig klingelt das Telefon. Wollenberg nimmt den Hörer ans Ohr.

WOLLENBERG: Ja bitte!

Gleichzeitig erscheint Nina in der Tür.

NINA (aufgeregt): Herr Wollenberg, tut mir leid, aber Frau Bruhn hat eben angerufen und gesagt, wenn der Termin heute platzt, dann sind wir sie als Kundin los. Sie war total aufgebracht und wollte Sie persönlich sprechen.

WOLLENBERG (blickt zu Nina, spricht aber versehentlich in den Hörer): Was? Wohl völlig übergeschnappt. Wer ist da? Ach du, Mona. Nein, du bist nicht gemeint. Nina, soll sie doch kündigen, die Bruhn, das ist mir völlig egal. Mona, rufe in einer Stunde noch mal an. Ich muss hier gerade eine Kuh vom Eis holen. Ja, bis dann.

Wollenberg legt auf.

WOLLENBERG: Okay, Nina, ich kümmere mich. Ich kümmere mich jetzt gleich. Ich rufe sie an, die Bruhn. Ich mache das schon. Klar, ich biege das zurecht. Wissen Sie doch. Meine Frau sagt immer, mein Mann kann alles. (Leise zu sich): Oder nennt mich schwachsinnig.

Nina verlässt das Büro. Wollenberg setzt sich an den PC, lehnt sich zurück, zündet sich eine Zigarette an und beginnt zu schreiben. Wollenberg wird aus verschiedenen Perspektiven und mittels Überblendung dargestellt. Zwischendurch liest er leise einzelne Sätze vor. Die Zeit vergeht sichtbar, nach jedem Satz ist die Uhr weiter gerückt. Manche

Wörter, die Wollenberg schreibt, laufen in großen Lettern über den Bildschirm.

WOLLENBERG (liest sich selbst den Brieftext vor): Wenn Du zurückkommst ... vielleicht für ein paar Tage oder länger ... werde ich ausgezogen sein ... Ich schreibe Dir, weil ich Angst um unsere Ehe habe ... glaube zu wissen, dass Du einen anderen Mann kennen gelernt hast ... scheint mir der richtige Zeitpunkt zu sein, Dir meinerseits ... eine Affäre zu beichten ... die seit drei Monaten beendet ist ... sie heißt Mona und ist inzwischen in Neuseeland ... bitte ich Dich um Vergebung und bin jederzeit bereit, mit Dir über alles zu sprechen ... in Liebe ...

Wollenberg tütet den ausgedruckten Text in einen DIN-A4-Umschlag ein. Er steht auf und verlässt mit dem Brief in der Hand sein Büro. Die Schreibtisch-Uhr zeigt 21 Uhr 45.

19. Bild: Abend/innen: Wollenberg ist wieder in seinem Büro am Schreibtisch. Die Uhr zeigt 22 Uhr 30. Er starrt aus dem Fenster. Gegenüber nur ein paar beleuchtete Fenster. Der Aschenbecher quillt über. Das Telefon klingelt.

WOLLENBERG (schaut aufs Display). Kristina?

KRISTINA (laute Stimme aus dem Telefon): Das ist das mieseste Theaterstück, das ich je im Leben erlebt habe. Da knallst du mir auf deinem Geschäftspapier (brüllt noch einmal) auf Geschäftspapier einen fünf Seiten langen Brief auf den Küchentisch und verdrückst dich, und ich sitze hier mit einem Haufen Scheiße herum und keiner ist da, und du hast dich mal wieder aus dem Staub gemacht. Du bist ein mieses Stück, ich kann gar nicht sagen, wie enttäuscht ich bin, du ... du ... (Pause. Beide schweigen.)

KRISTINA (schreit weiter): Wie kannst du so mit mir umgehen? Du hast mich belogen und betrogen, ein Jahr lang, mich hinters Licht geführt und reingelegt und dann haust du mir einen Brief um die Ohren und schreibst mal eben, du bist vorerst ausgezogen!! Niklas, du bist ... krank im Hirn ... du bist ja völlig irre.

WOLLENBERG: Ich glaube nicht, deine Schreierei ist die angemessene Form mit unserem Problem fertig zu werden. Du hast ... (Klick) Kristina ... Kristina!

Kristina hat aufgelegt. Wollenberg legt ebenfalls auf, bleibt wie erstarrt sitzen und schaut aufs Telefon. Er zittert. Dann reibt er sich die Augen, schüttelt den Kopf.

WOLLENBERG (zu sich selbst): Herr im Himmel, was für ein Unglück! Ich bin ein Idiot.

Wollenberg starrt einen Moment aufs Telefon. Dann greift er zum Hörer und wählt. Man hört, wie auf der anderen Seite der Hörer abgenommen wird.

KRISTIANA (weint): Was willst du?

WOLLENBERG: Kristina, hör zu, lass uns morgen reden. Wir können uns an der Elbe treffen und sprechen. Wir können ... jetzt ist es schon spät ... morgen.

Man hört, wie der Hörer aufgelegt wird. Wollenberg stützt seinen Kopf in die Hände und verbirgt seine Augen.

20. Bild: Abend/außen. Wollenberg und Kristina treffen sich an der Elbe in Nähe des Schiffsanlegers Teufelsbrück. Sie laufen zunächst schweigend nebeneinander her.

WOLLENBERG: Wie geht es dir, Kristina?

Kristina schaut Wollenberg schweigend an. Man sieht ihre Wut.

KRISTINA: Ach, wie soll es mir schon gehen? Prima, ganz ausgezeichnet! Mein Ehemann geht fremd und ignoriert ein Jahr lang das, was mir am wichtigsten ist im Leben, nämlich Ehrlichkeit. Und dann fragt er mich, wie es mir geht!

WOLLENBERG: Kristina, ich wollte nur freundlich sein.

KRISTINA: Ich scheiße auf deine Freundlichkeit! Es ist ein Wunder, dass du überhaupt hier bist heute! Du hättest ja auch schreiben können! Wieder auf Geschäftspapier. Die Firma Wollenberg und Partner informiert die Ehefrau über die Affäre ihres Mannes, unterschrieben vom Inhaber höchstpersönlich. Mit freundlichen Grüßen!

WOLLENBERG: Da stand: In Liebe. Ich finde, das ist etwas Anderes.

KRISTINA: Auf Geschäftspapier! Wie ist dir das bloß in den Sinn gekommen?

WOLLENBERG (ruhig): Findest du nicht, wir haben ein anderes Problem als die Frage, ob ich auf Geschäftspapier oder auf Klopapier meine Briefe schreibe?

KRISTINA: Allerdings finde ich das. Und allerdings glaube ich, du schreibst deiner Geliebten in Neuseeland nicht auf deinem Geschäftspapier. Wie heißt sie gleich?

WOLLENBERG: Mona.

KRISTINA (zynisch): Eine Studentin also. Wie alt?

WOLLENBERG: Was spielt das für eine Rolle?

KRISTINA Wie alt?

WOLLENBERG: Kristina, was soll das? Sie ist vierundzwanzig. Ist doch völlig egal, wie alt sie ist.

KRISTINA: Seit wann ist sie weg? Wann kommt sie wieder?

WOLLENBERG: Seit drei Monaten. Etwa in einem Jahr kommt sie zurück. Was soll das Verhör? Steht alles in meinem Brief an dich, Kristina! Auch, dass es zu Ende ist mit Mona und mir.

KRISTINA: Was heißt das, zu Ende? Ihr schreibt euch! Und telefoniert. Liebst du sie?

WOLLENBERG: Kristina, was soll denn die Frage nun wieder? Mona ist weg. Die Geschichte ist aus!

KRISTINA: Ich will eine Antwort! Liebst du sie?

WOLLENBERG: Nein ... das heißt ... ich weiß es nicht ... also ich dachte eine Zeitlang, sie zu lieben. Aber es ist vorbei, und sie weiß es.

KRISTINA (wieder laut): Aber ihr telefoniert. Und schreibt euch.

WOLLENBERG: Gelegentlich. Nur, wenn sie in Schwierigkeiten ist, ruft sie an.

KRISTINA: Aha, dann ist sie sicher oft in Schwierigkeiten. Wahrscheinlich jeden Tag eine Schwierigkeit, damit sie Papa anrufen kann.

WOLLENBERG: Geht nicht, wäre zu teuer. Telefonieren von und nach Neuseeland kostet ein kleines Vermögen. Wir sind weitgehend auf E-Mails angewiesen.

KRISTINA: Angewiesen! Lasst es doch ganz, wenn es zu Ende ist, sonst ist es nicht zu Ende! Niklas, weißt du eigentlich, was du mir angetan hast? Du redest von einer Affäre, als würde es um ein Börsengewinnspiel gehen ... knallst mir einen Brief auf den Küchentisch und verdrückst dich ...

WOLLENBERG (laut): Stimmt alles nicht, Kristina. Ich bin nicht verschwunden, sondern stehe hier und jetzt vor dir. Und ob die Affäre mehr oder weniger ist als eine solche, das liegt ja wohl an uns beiden. Mal sehen, ob unser ganzes spirituelles und psychologisches Gequatsche der letzten Jahre wirklich einen Wert hat, jetzt wo es zum Schwur kommt. Und ich jedenfalls rede nicht von einer Affäre, sondern von zwei. Von meiner nämlich und von deiner.

KRISTINA: Das könnte dir so passen! Du sagst zu mir, ich soll fremdgehen, dann tust es selbst und schiebst mir hinterher die Schuld in die Schuhe.

WOLLENBERG: Von Schieben, Schuld und Schuhen ist keine Rede! Wir haben ein Problem, Kristina, und das müssen wir lösen. Wie heißt er eigentlich, dein Freund?

KRISTINA: Woher weißt du von ihm?

WOLLENBERG: Ich habe geträumt von ihm. Stimmt es, er ist Arzt, verheiratet, hat eine Tochter und lebt meistens in den USA?

KRISTINA: Ach, du hattest mal wieder eine deiner Visionen. Ja, stimmt alles. Er heißt Gerald. Ist doch egal, wie er heißt ...

WOLLENBERG (ironisch): Ach was, egal? Wie alt? Hübsch, der Mann?

KRISTINA (laut): Spinnst du? Niklas, ich will jetzt wissen, was mit dir und Mona ist? Was wird sein wenn sie zurückkommt?

WOLLENBERG (laut): Ich will jetzt wissen, was mit dir und Gerald ist. Was wird sein, wenn er aus den USA wieder anreist? Oder ist er gerade hier? Liebst du ihn?

KRISTINA (explodiert): Das ist doch egal! Du hast mich betrogen und belogen. Und ich bin nur mit Gerald, weil du es mir erlaubt hast, mich fast gedrängt hast dazu. Und jetzt drehst du das Ganze herum, und du hast mein oberstes Prinzip verletzt und besudelt: Ehrlichkeit. Ja, ja, ja, Gerald würde mich heiraten, wenn ich nur ein einziges Wort sagen würde. Er ist nur wegen seiner Tochter mit seiner Frau zusammen.

WOLLENBERG: Um das, wovon ich am meisten halte – Fairness – steht es auch nicht viel besser, Kristina Wollenberg. Weiß Geralds Frau von eurer Affäre?

KRISTINA: Nein! Sie würde augenblicklich die Scheidung einreichen.

WOLLENBERG: Dann verstehe ich gar nicht, warum du dich so aufregst.

KRISTINA: Du gehst mit einer Studentin ins Bett, ignorierst unsere Vereinbarungen, lügst und betrügst mich und wunderst dich, wenn ich mich aufrege?

WOLLENBERG: Was ist der Unterschied zwischen deinem und meinem Verhalten?

KRISTINA: Ich habe dich nicht belogen und betrogen, sondern das getan, was du wolltest, nämlich dir nichts erzählt von meiner Affäre. Das war dein ausdrücklicher Wunsch. Ich habe nur das gemacht, was du wolltest!

WOLLENBERG: Kristina, aus Sicht von Frau Gerald ...

KRISTINA: Regine!

WOLLENBERG (jetzt auch sehr laut): Also schön. Regine dürfte das ziemlich wurst sein, oder? Ihr Mann macht schlicht und einfach dasselbe mit seiner Frau, was ich mit dir getan habe: Er betrügt sie. Und du, die du mir deinen Katechismus von Ehrlichkeit um die Ohren haust, du bist die Ursache für diesen Betrug. Deine Kritik an mir ist scheinheilig. Aus Sicht der Ehefrau deines Lovers bist du nicht besser als ich!

Kristina sieht Wollenberg wie erstarrt an. Dann schlägt sie die Hände vors Gesicht und fängt an zu schreien.

KRISTINA: Hau ab, verschwinde aus meinen Augen! Geh! Geh weg. Geh, geh, geh!

Kristina rennt weg, Wollenberg will sie festhalten, sie reißt sich los und verschwindet im Abenddunkel.

WOLLENBERG (ruft hinterher): Kristina, Kristina, ich wollte doch nur sagen...

21. Bild: Tag/innen: Flughafen Hamburg. Wollenberg steht mit einer Reisetasche über der Schulter und wählt auf seinem Mobiltelefon.

KRISTINA (Telefonsound): Kristina Wollenberg.

WOLLENBERG (gepresste Stimme, immer wieder kleine Pausen): Kristina, ich bin's. Ich ... (beginnt zu schluchzen) ... ich fliege in ... mein Flieger geht in 45 Minuten ... in drei Wochen wissen wir vielleicht mehr ... wie es mit uns weiter... Kristina, was tun wir nur?

Längere Gesprächspause. Beide schweigen. Wollenberg kommen wieder die Tränen.

KRISTINA: Soll ich zum Flughafen kommen?

WOLLENBERG (wischt sich die Tränen ab): Nein, Kristina. Dazu reicht die Zeit nicht. Ich werde mich melden, wenn ich angekommen bin in der kalifornischen Wüste. Da standen schon immer bündelweise Telefonzellen herum wie Bäume einer Dattelpalmen-Oase. Und das Funknetz funktioniert auch großartig.

KRISTINA: Niklas, drei Wochen Meditation am Stück sind kein Pappenstiel. Sei vorsichtig!

WOLLENBERG: Was soll denn noch
passieren? Ist doch schon fast alles im Eimer.
Wovor sich noch fürchten? Eine Ehekrise mit
spirituellem Background lässt einem doch
wenigstens die Illusion, schnurstracks auf dem
Weg zum Olymp zu sein. Karma-Reinigung durch
Leid. Wie dramatisch.

KRISTINA: Lass doch den Sarkasmus. Ich
wünsche dir und uns alles ... ach Niklas, komm gut
zurück.

Beide hängen ein.

22. Bild: Tag/Nacht/außen: Wollenberg sitzt auf
der Erde an eine Palme gelehnt in einer
kalifornischen Wüste. Der Wind weht sanft, es ist
heiß. Wollenberg sieht sich um. In etwa zwanzig
Metern Entfernung hält sich ein Kojote auf, der
Wollenberg stetig und ruhig anblickt.

WOLLENBERG (zum Kojoten): Du hast es
gut. Keine Kultur, keine Moral, also auch kein
Gewissen. Für dich sind alle Frauen gleich. Du
kennst kein Gestern und kein Morgen. Du kennst
nur Hunger, Durst und Lust. Vielleicht noch
Angst? He, weißt du eigentlich, was Angst ist?

Ein Mönch (gelb-orange gekleidet) steckt von
der Seite seinen Kahlkopf ins Bild und schaut in
die Kamera.

MÖNCH: Er hat kein Wort für Angst. Er spürt
Angst, sonst würde er vor den Berglöwen nicht
davonlaufen, und die sind sehr hungrig. Kojoten
sind wachsam. Schlaue Tiere.

Kleine Pause. Der Mönch setzt sich zu
Wollenberg auf die Erde. Der Kojote zieht sich ein
Stück zurück.

MÖNCH: Du solltest meditieren. Stattdessen
redest du mit einem Kojoten.

WOLLENBERG: Ist das nicht irgendwie dasselbe?

MÖNCH: Kommt auf deine Fragen an. Oder mit was für Belanglosigkeiten du das arme Tier quälst. Es ist unwichtig für dich, ob ein Kojote Angst hat. Aber du solltest wissen, wovor du Angst hast, Bruder.

WOLLENBERG: Das weiß ich. Dass meine Ehe den Bach runtergeht. So einfach ist das. Ich hatte einen Ehebruch. Nein zwei, jeder von uns, meine Frau auch.

MÖNCH: Und du hast deiner Frau nichts von deinem Seitensprung erzählt, als der noch frisch war, vermute ich. Warum nicht? Angst?

WOLLENBERG: Richtig. Kristina rastete ja schon aus, wenn ich in der Küche rauchte! Oder mich auf einer fremden Strecke mit dem Auto verfuhr. Wie konnte ich dann weiter hin damit rechnen, sie würde mir einen Seitensprung verzeihen? Und das auch noch, nachdem ich zwei Jahre lang kaum noch Lust hatte, mit ihr ins Bett zu gehen. So etwas ist doch wohl die höchste Form der Demütigung für eine Frau, oder?

MÖNCH (lacht laut): Du willst mit einem Mönch über Sex reden? Na schön, dann mal los!

WOLLENBERG (mehr zu sich selbst, blickt auf den Boden): Ich kann einfach nicht mehr mit ihr ins Bett. Kristina übt einen enormen Druck auf mich aus. Sie lässt mir keine Luft zum Atmen. Wenn ich ihre Nähe meide, geht's mir besser.

Wollenberg hält dem Mönch eine Thermoskanne hin. Der hält seinen Becher drunter und Wollenberg schenkt ein. Beide trinken einen Schluck und schauen dem Kojoten nach.

WOLLENBERG: Sie ist sehr hart mit ihrem Rechthaben, ihren Prinzipien von richtig und falsch – oft kompromisslos. Aber ich tue alles, damit es ihr gut geht. Mich selbst habe ich dabei oft vergessen.

MÖNCH: Ich dachte, du bist hier, um dich selbst zu vergessen. Wir leiden doch alle immer nur daran, zu viel von anderen zu erwarten. Der Buddha sagt, alles Leiden sei letztlich auf unsere Gier zurückzuführen. Wir wollen haben, immer nur haben. Und nicht geben. Haben, behalten, vermehren. Sich selbst vergessen heißt doch nicht, man wird stumpfsinnig. Es bedeutet, die Gier zu überwinden.

Wollenberg starrt einen Moment lang in seinen Becher.

WOLLENBERG (weiter): Ich kann nicht erkennen, wo ich gierig bin. Im Gegenteil. Kristina hat nie gespürt, wie überlastet ich war, all die Jahre. Sie hat keine Ahnung davon, wie mir dieser ganze Karrieremist zum Hals heraushängt. Niemand weiß, wie müde ich bin, seit Jahren schon. Am allerwenigsten weiß es Kristina. Ich frage mich, ob ich es ihr deutlich genug gezeigt habe. Aber geändert hätte das auch nichts. Sie sagte gern: ‚Mein Mann kann alles.' Damit war sie aus der Pflicht entlassen.

Wollenberg lässt Sand durch seine Finger rieseln.

MÖNCH: Wenn du so lange keinen Sex hattest mit deiner Frau, dann ist die Gier nach Sex unvermeidlich. Da hast du deine Gier. Oder war deine Affäre nur eine Affäre ohne anfassen? Jeder hat seine Gier woanders. Und zwar da, wo man selbst sie nicht so einfach entdecken kann. Das ist das Tückische an der Gier.

WOLLENBERG: Kristina ist eine Prinzessin auf der Erbse ohne Erbse, sozusagen. Sie hat wenig Gespür für andere, und für sich selbst eigentlich auch nicht. Was sie hat, sind Regeln. Aber Regeln helfen leider eben gerade dann nicht, wenn etwas Außergewöhnliches passiert.

MÖNCH: Tust du dir eigentlich selbst leid? Niemand hat dich zu deiner Karriere gezwungen, oder?

WOLLENBERG: Weiß ich ja. Ich war so vom Ehrgeiz zerfressen, weil ich Kristina zu dem machen wollte, wozu sie dann auch wurde: zu meiner Königin. Ich habe mir ihre Liebe durch Leistung sichern wollen. Und ich versuchte, ihr meine Bewunderung für sie dadurch zu zeigen, dass ich ihr alle Wünsche erfüllen wollte.

MÖNCH: Und bist du der Meinung, sie trägt die Schuld am Ehedesaster?

WOLLENBERG: Nein. Einer allein schafft das selten, es sei denn, er hat einen Knall. Wenn ich in einem Satz sagen sollte, was mich an ihr stört: Ich konnte ihre Art, wie sie mit mir umgeht, nicht mehr ertragen. Ich fühle mich neben ihr immer schuldig. Kristina gibt mir das Gefühl, nichts zu taugen. Und oft dachte ich, sie verachtet mich. Ihr ‚mein Mann kann alles‘ war der Blanco-Scheck, keine Verantwortung übernehmen zu müssen. Sie tat wenig, also auch wenig falsch, ich machte die Fehler.

MÖNCH: Wie hat sie das gemacht, das Gefühl in dir zu erzeugen, du taugst nichts? Es ist dir doch klar, dass das deine eigene Einbildung ist, oder?

Wollenberg steht auf und entfernt sich langsam von der Palme. Während er spricht, verdunkelt sich nach und nach der Himmel. Sturm setzt ein. Der Mönch bleibt sitzen, man sieht ihn schnell nicht mehr. Wollenberg geht los, hinein in das Dunkel der Wüste. Der Kojote taucht wieder auf. Er läuft vor Wollenberg her, als wolle er ihn führen.

(Slow Motion): Die Bewegung der Bilder wird immer langsamer, während Wollenberg losrennt. Wollenberg brüllt und rennt gegen den Wind, als würde er einen Gesprächspartner haben, den er niederringen muss.

WOLLENBERG: Sie hat es nur rausgeholt, das Gefühl, ich tauge nichts. Rausgeholt, wie es nur eine Ehefrau kann. Nur du konntest das, Kristina, nur du! Du wusstest immer genau, auf welche Knöpfe du drücken musstest, um mich zu treffen. Jemanden, den ich achte und respektiere und liebe, den kanzle ich nicht öffentlich ab, Frau Kristina Gnadenlos! Nicht öffentlich. Vor anderen Menschen. Und ich signalisiere ihm auch nicht, ihn für einen Schwachsinnigen zu halten. Ja, das hast du getan, Kristina, immer wieder!

Während der Sturm immer lauter wird, setzt heftiger Regen ein. Der Kojote ist noch da und scheint Wollenberg immer tiefer hinein in die Wüste zu führen.

WOLLENBERG (schreit weiter gegen Wind und Regen): Wenn ich beim Kartenspielen Fehler machte, hast du mich fertiggemacht, als wäre ich ein Idiot, in Gegenwart anderer. Ja, ich bin etwas empfindlich, meine Liebste, und wie ich das bin. Sicher bin ich das. Nur ändern kann ich es nicht. Also kannst du mich regelmäßig demütigen. Nein, nicht mit Absicht.

Du bist dir dessen nicht bewusst und wunderst dich, wenn ich drei Tage lang eingeschnappt bin. Aber ich habe einfach keine Kraft mehr, mich dafür zu rechtfertigen, habe keine Lust auf diese unwürdigen Streitereien.

Der Kojote bleibt stehen. Wollenberg auch. Sie blicken sich an. Wollenberg verschnauft etwas.

WOLLENBERG (zum Kojoten): Immer dachte ich, dir beweisen zu müssen, als Mensch fehlerfrei und tadellos zu sein. Du, Kristina, ehemalige Lehrerin, verteiltest gern Noten. Da haben wir uns prima ergänzt.

Wollenberg verschwindet in Regen, Sturm und tiefster Dunkelheit. Der Kojote bleibt stehen und schaut ihm nach.

23. Bild: Nacht. Wollenberg taucht aus völlig schwarzem Fond direkt aus der Wüste kommend ohne jeden Realitätsbezug zu Zeit und Raum vor der Haustür Wollenbergs in der Milchstraße auf. Wollenberg und Kristina stehen sich gegenüber. Sie ist sichtlich erregt, er wirkt mehr oder minder unterkühlt.

WOLLENBERG: Du kannst uns retten, Kristina. Und zwar nur du. Was ich getan habe, dich zu belügen und zu betrügen, das war übel. Äußerst übel. Ich bin erst mal ausgezogen, stimmt. Aber nicht für immer. Statt mich zu bitten zurückzukommen, stehst du hier herum und machst mir Vorhaltungen. Du rechnest bloß auf, mehr nicht.

KRISTINA: Du hast mich belogen und betrogen, und du bist ausgezogen. Was gibt es da noch zu fragen? Das ganze Gebilde geht auf dein Konto!

WOLLENBERG: Ich hätte das tun sollen, was die meisten machen: dir gar nichts erzählen von Mona. Dann wären wir heute noch zusammen, jeder hätte seine kindische Affäre gehabt und Schwamm drüber. Aber wir wären noch zusammen.

KRISTINA (laut): Du hast nichts begriffen. Ich will Ehrlichkeit.

WOLLENBERG: Ja, Ehrlichkeit, mit der du dann nicht leben und nicht umgehen kannst. Ich bin deinem Anspruch nach Ehrlichkeit schließlich gefolgt, indem ich dir von Mona schrieb, und jetzt liegt der ganze Dreckshaufen hier herum. Ich hätte also besser nichts erzählt.

KRISTINA (brüllt): Gib mir sofort deinen Wohnungsschlüssel! Den Schlüssel, sage ich!

Wollenberg zögert einen kleinen Moment, zieht den Haustürschlüssel aus der Manteltasche und überreicht ihn Kristina.

WOLLENBERG: Das war's dann.

Kristina dreht sich um und geht wortlos ins Haus.

24. Bild, Nacht/innen (Texteinblendung: Einige Jahre später). Kurze Einstellung auf ein kleines, einfaches Sylter Reetdachhaus in der Nähe der Keitumer Kirche, die man im Hintergrund sieht. Wollenberg steht in seinem Maleratelier. Im Hintergrund erklingt leise eine Kantate von Bach. Rings herum viele Ölbilder, Zeichnungen. Die meisten Motive zeigen leere Becher, leere Töpfe, leere Gläser, auch Palmen; die Wüste und Berge sind zu sehen. An der Wand hängen Schwarzweiß-Fotos von Kristina. Wollenberg wandert durch das Atelier von Bild zu Bild. Vor einem Foto Kristinas bleibt er kurz stehen und streichelt es. Wollenberg geht zur Musikanlage, hält die Kantate an, legt Zen-Musik auf und geht weiter zum nächsten Bild. Es klingelt an der Haustür. Wollenberg geht und öffnet. Herein kommt ein typischer Nordseefischer, was an der Kleidung zu erkennen ist. Als der die Mütze abnimmt, ist es der Mönch aus dem kalifornischen Yucca Valley. Wollenberg erstarrt zunächst, dann lächelt er.

WOLLENBERG: Hast du mir eine Handvoll Wüstensand mitgebracht? Und unseren Kojoten?

Beide schauen sich einen Moment an und verneigen sich mit zusammengelegten Händen voreinander, wie es bei den Buddhisten üblich ist.

WOLLENBERG: Du hier?

MÖNCH: Wer sonst?

WOLLENBERG: Na ja, aber jetzt schon?

MÖNCH (geht zu dem Bild, an dem Wollenberg begonnen hat, man sieht die Hand des Buddha, die ein leeres Gefäß hält, sonst wenig): Wann sonst? Weißt du, warum die eine Hand Buddhas oft schlaff nach unten hängt? Weil man mit so einer schlaffen Hand nichts greifen kann. Sie symbolisiert das Ende der Gier. Buddha bedeutet: Ende der Gier.

WOLLENBERG: Ich dachte, es bedeutet „Der Erwachte", „Der Erhabene".

MÖNCH: Das auch. Es ist dasselbe. Wer klar ist mit sich und der Welt, will nichts behalten. Er braucht fast nichts mehr.

WOLLENBERG: Ich bin aber kein Buddha.

MÖNCH: Doch, aber du weißt es nicht. Wir sind alle Buddhas. Warum hast du nicht darauf bestanden, den Schlüssel eurer Wohnung zu behalten? Schließlich war es eure Wohnung, nicht Kristinas. Du hättest doch einfach wieder einziehen können.

WOLLENBERG: Das weißt du alles? Woher?

MÖNCH: Dachtest du, du bist der Einzige, der Visionen hat? Bei uns sind diejenigen selten, die das nicht können. Wir reden nur nicht drüber. Es hätte was mit der Gier nach Ruhm zu tun, darüber zu reden. Oder man würde uns zum Psychiater schicken.

Wollenberg macht den Mund auf, will etwas sagen, schüttelt dann den Kopf.

WOLLENBERG: Diese Schlüsselübergabe war nichts anderes als die Fortsetzung unserer Ehe: Kristina verlangte, und ich gab. Aus. So gesehen blieb alles beim Alten.

Wollenberg rührt mit heftigen Bewegungen und einem dicken Pinsel auf der Farbpalette herum, drückt eine Farbtube leer und bringt die Farbe auf die Leinwand. Der Mönch legt seine Wollmütze aus der Hand und zieht die Regensachen aus. Hervor kommt die orangefarbene Robe.

WOLLENBERG: Noch Monate später ging ich davon aus, mit Kristina einen Neubeginn schaffen zu können. Der Irrtum meines Lebens. Woran ist die Ehe gescheitert, Bruder?

MÖNCH: An eurer Tränenlosigkeit. Wenn ihr gemeinsam geweint hättet, anstatt zu argumentieren, dann hättet ihr eine Chance gehabt.

Du hättest herausgefunden, wer du bist, dass du irgendwann dein Herz vergraben hast und es deshalb nicht an Kristina verschenken konntest. Du warst nie wirklich bei ihr, denn du bist auch nie wirklich bei dir selbst angekommen. Wer auf dich trifft, steht einem Nichts gegenüber. Das, Niklas, macht die Menschen wütend. Und ängstlich. Weil sie Angst haben vor diesem Nichts, und weil sie fortwährend auf der Suche nach einer Harmonie sind, die es in deiner Welt nicht gibt. Kristina hatte keine Chance, dich zu erreichen, denn du warst nicht da.

WOLLENBERG: Also hatte sie Recht?

Wollenberg legt die Palette ab, ergreift eine Staffelei, stellt sie beiseite, holt eine andere Staffelei nach vorn, stellt eine leere Leinwand drauf. Dann nimmt er einen Quast und beginnt die Fläche mit kräftigem Orange zu grundieren.

MÖNCH: Ja, aber sie wusste nicht, warum sie Recht hatte. Denn auch sie hatte ihr Herz eingemauert. So sind sie, die Menschen. Immerhin hattet ihr beide eure Affäre. Bei Kristina zählt das aber nicht. Sie braucht Regeln, weil sie Angst vor diesem Nichts hat. Regeln helfen gegen Angst. Eine Zeitlang wenigstens.

Wollenberg hebt die Palette auf, legt sie auf einem Tisch ab, holt sich Terpentin und Lappen und beginnt damit, langsam und sorgfältig die Farbe auf der Leinwand aufzuhellen.

WOLLENBERG: Habe ich etwas falsch gemacht in unserer Ehe?

MÖNCH: Verletze Kristinas Werte, und sie wird dein Feind. Ist das bei dir anders? Ihr konntet beide nicht anders. Das Neue entsteht immer aus dem Umbruch. Das wusste auch schon dein Freund Nietzsche. Wer nicht folgen kann, hat es schwer und scheitert.

WOLLENBERG: Gib mir bitte ein frisches Tuch. Dahinten ist eins.

Der Mönch läuft quer durchs Atelier. Er nimmt ein Tuch heraus, geht zurück zu Wollenberg und drückt es ihm in die Hand. Wollenberg legt es beiseite, geht zur Musikanlage und dreht die Musik lauter.

WOLLENBERG (ruft dem Mönch quer durch den Raum zu): Den besten Spruch zweitausendfünfhundert Jahre nach Buddha habe ich von einem New Yorker Taxifahrer gehört: „Things are coming, things are going, that´s it.“

Es entsteht eine Pause, während der sich
Wollenberg und der Mönch länger ansehen. Der
Mönch schlendert zurück zu seiner Fischerkleidung
und zieht sie wieder an.

WOLLENBERG: Du siehst aus wie ein Angler.

MÖNCH (lacht): Sagen wir, wie ein Fährmann?
That´s it. Gehen wir?

WOLLENBERG: Aber ein paar Bilder sind
noch nicht fertig.

MÖNCH: Das macht nichts. Fertig ist man nie
mit etwas.

Der Mönch läuft immer wieder zwischen den
Bildern hin und her, bis man ihn langsam nicht
mehr sieht. Er wird erst durchsichtiger, dann
unsichtbar. Die Musik wird lauter. Wollenberg
setzt sich sehr langsam in einen Sessel und legt die
Füße auf einen Schemel.

WOLLENBERG: Na schön, gehen wir.

25. Bild: Tag/außen. Frank Philips geht mit seiner Frau Cornelia in Keitum auf Sylt spazieren. Sie kommen zum Kirchhof und blicken über den Zaun. Eine Frau steht vor einem Grab.

PHILIPS (zu Cornelia): Lass uns mal rübergehen, ich glaube, da hinten ist es.

Sie stellen sich mit etwas Abstand an die Seite der Frau und sehen sie vorsichtig an. Die Frau schaut nach einigem Zögern zurück. Alle schweigen eine Zeit lang. Dann dreht sie sich um. Es ist Mona. Sie spricht das Ehepaar unvermittelt an.

MONA: Ich glaube, wir kennen uns nicht. Ich bin hier, weil ich zufällig gelesen habe, die Gemeinde Keitum würde aus Anlass des ersten Todestages von Niklas Wollenberg eine Ausstellung eröffnen. Zur Ausstellung komme ich zu spät. Nun weiß ich wenigstens, dass er gestorben ist. Ich bin übrigens Mona. Waren Sie Freunde von Niklas?

PHILIPS (verlegen): Cornelia und Frank Philips. Ja, wir waren ... sozusagen ... Freunde von Niklas Wollenberg.

MONA: Er hat von Ihnen erzählt. Ich erinnere mich. Sie haben sich damals von ihm abgewandt, als unsere Geschichte herauskam. Und zu seiner Frau gehalten. Stimmt, oder?

PHILIPS (etwas verlegen): Eigentlich nicht. Er hat sich nur nie wieder bei uns gemeldet. Und wir uns nicht bei ihm.

CORNELIA: Die Freundschaft ist, sozusagen, ausgependelt. Und Kristina war immer viel mehr meine Freundin als Niklas unser Freund war. So geht das im Leben. Niklas, das Kommunikationswunder, ist am Ende verstummt. Ich glaube, er hat sich selbst den Ehebruch nie wirklich verziehen.

PHILIPS: Wollenberg hat in den letzten Jahren hier gelebt. Sagen seine ehemaligen Vermieter. Hier in Keitum. Und gemalt. Dutzende von Bildern. Besuch hatte er selten. Sagen seine ehemaligen Vermieter. Eigentlich nie. Er redete mit fast niemandem, saß stundenlang auf der Bank vor dem Haus da drüben und schwieg vor sich hin. Wenn er nicht malte. Unvorstellbar, dieser wortgewaltige Mann. Er hat kaum noch gesprochen, nur noch das Notwendigste. Sagen die Vermieter.

Kleine Pause. Alle drei blicken zum Grabstein.

CORNELIA: Sie sind also Mona. Tut mir leid für Sie ... wie Sie erfahren haben ... dass Niklas gestorben ist. Ja, wir kennen Ihre Geschichte, die von Ihnen und Wollenberg. Seine Frau hat sie uns erzählt. Oder jedenfalls kennen wir Kristina Wollenbergs Version der ... entschuldigen Sie ... Affäre Mona. Wie heißen Sie eigentlich mit Nachnamen?

MONA: Mona genügt. Woran ist Niklas gestorben? Er war erst neunundvierzig.

PHILIPS: Herzversagen. Sagen die Vermieter. Sie fanden ihn eines Morgens in seinem Sessel sitzend, mit noch fast frischer Farbe an den Fingern. Er muss während einer Malpause eingeschlafen sein. Ich meine gestorben ... Wollen Sie noch hierbleiben? Kommen Sie, wir bringen Sie nach Hause.

MONA (kommen die Tränen): Das wird nicht gehen. Ich lebe in Wellington in Neuseeland. Ich war rein zufällig in Hamburg und sah die Zeitungsanzeige über die Ausstellung von Niklas' Bildern hier auf Sylt. Ich hätte mich bei Niklas früher nicht gemeldet. Er wollte es nicht. Aber ich wollte seine Bilder sehen. Wir hatten ein paar wunderbare Monate, aber zusammen waren wir zur falschen Zeit am falschen Ort. Es ging einfach nicht mit uns. Er war der erste Mann in meinem Leben, den ich wirklich geliebt habe. Durch ihn habe ich gelernt, was Liebe ist. Darauf kommt es doch wohl an im Leben, geliebt zu haben, sei es auch nur für einen kurzen Augenblick. Oder eben für ein paar Monate. Das hat Niklas oft zu mir gesagt.

Philips und Cornelia nehmen Mona in die Mitte und wollen den Kirchhof verlassen.

MONA: Moment noch, da hinten auf der Bank, da will noch jemand mit!

Sie geht zu einem Kind, nimmt es an die Hand.

MONA: Komm her, Nicki, das sind Freunde, da musst du keine Angst haben.

Philips und Cornelia blicken sich gebannt in die Augen. Mona beobachtet das.

MONA: Jetzt wollen Sie sicher wissen, ob der kleine Nicki vom großen Niklas ist. Um ehrlich zu sein, ich weiß es nicht genau. Eigentlich wollte ich in Hamburg einen Test machen lassen. Wenn das überhaupt geht ohne den Vater und so. Nun ist das auch egal, jetzt wo Niklas tot ... nicht mehr hier ist. Aber wissen Sie, Nicki ist ganz anders als Niklas. Er spricht kaum ein Wort.

PHILIPS: Immerhin hat Wollenberg genauso aufgehört mit seinem Leben: Er hat geschwiegen. Und gemalt. Immer wieder leere Töpfe, leere Becher, leere Tassen, also leere Gefäße eben. Mit Kreide, Öl, Buntstiften. Wie Morandi, nur leichter, noch heller. Er hat auf seinen Bildern so etwas wie durchsichtige Keramik erfunden, und gläsernen Beton. Unmöglich eigentlich, aber er hat es geschafft. Kommen Sie, Mona, gehen wir!

Philips und Cornelia nehmen Mona mit dem Kind an der Hand in die Mitte und wollen den Kirchhof verlassen. Das Kind reißt sich plötzlich los und rennt zurück zu Wollenbergs Grab. Dort bleibt es einen Moment stehen, lacht, streckt die Hände aus in Richtung Grabstein, auf dem nur „Niklas Wollenberg" eingemeißelt ist.

CORNELIA: Kann Nicki etwa schon lesen?

MONA: Nein, dazu ist er noch zu klein. Aber er kann gut malen, sehr gut, für sein Alter. Seine Lieblingsfarbe ist orange.

Schwenk auf das Wattenmeer.

ENDE

Gilla Haeckel †
gewidmet